U0498761

〔德〕阿尔伯特·赫尔曼 著

付天海 译

亚洲古代地理学

中国与叙利亚之间的古代丝绸之路

商务印书馆
The Commercial Press

Albert Herrmann

DIE ALTEN SEIDENSTRASSEN ZWISCHEN CHINA UND SYRIEN

Beiträge zur alten Geographie Asiens

I. Abteilung

（根据柏林魏德曼出版社 1910 年版本译出）

前　言

在这部论著正式竣稿并交付出版之际，我在欣喜之余也有义务向我备受尊敬的老师、枢密院议员 H. 瓦格纳（H. Wagner）博士以及 W. 西格林（W. Sieglin）教授表达我最真挚的谢意。感谢瓦格纳先生为这部书稿提出的多方面建议和为书稿出版提供的慷慨资助，也感谢西格林先生热情友好地将拙作收入他主编的"文献来源与研究"系列专辑。此外，在其他方面我也得到了热心的支持：来自哥廷根的 F.C. 安德烈亚斯（F. C. Andreas）教授尤其在涉及词源学问题时向我提供了重要信息，我之所以特别感激他，是因为每一种东方语言对我来说都很陌生；来自德累斯顿的库尔特·费舍尔（Curt Fischer）教授把部分尚未出版的针对托勒密（Ptolemäus）著作的评注版［该系列出版计划是由卡尔·米勒（Carl Müller）发起的］之中确定的命名方式告知于我，它们为我的研究提供了有益参考，因此我感觉也有必要向他致以真诚的谢意。

在按发音标写古汉语专有名词时，我通常都是参照爱德华·沙畹（Éd. Chavannes）的音译形式，然而在某些情况下我也对复杂的音译进行了简化处理，在此过程中 F. 希尔特（F. Hirth，中文名夏德）和 O. 弗兰克（O. Franke）所运用的正字法规则为我树立了典范。

本论著共分三个专辑出版。这里的第一辑除导论部分外，还包含对相关中文文献，特别是对司马迁作品和汉代编年史的评论，这些构成了接下来对中亚进行阐述的基础。在第二辑里，相同的文献基础又被扩展至西亚和南亚地区。第三辑将基于马里努斯（Marinus von Tyrus）或者更确切地说是托勒密的陈述，对连同帕米尔地区在内的中亚展开研究。

1910 年 7 月于哥廷根

阿尔伯特·赫尔曼

目　录

导　论

第一部分　中文文献

第二部分　司马迁笔下及汉代编年史记载的中亚

本书所用缩写

1. *AbhAkBerlin = Abhandlungen der Königlich Preußischen Akademie der Wissenschaften zu Berlin*
（《普鲁士王国柏林科学院论文集》）

2. *BEFEO = Bulletin de l'École française d'Extrême-Orient*
（《法国远东学院通报》）

3. *CR = Comptes rendus hebdomaires des séances de l'Académie des sciences de Paris*
（《法兰西科学院周刊》）

4. Ergh = Ergänzungsheft
（增刊）

5. *GJ = The Geographical Journal*
（《地理杂志》）

6. *GZ = Geographische Zeitschrift*
（《地理杂志》）

7. *JAnthrI = Journal of the Anthropological Institute of Great Britain and Ireland*
（《英国和爱尔兰皇家人类学研究所杂志》）

8. *JAsiat = Journal Asiatique*
（《亚洲学报》）

9. *JRAsS = Journal of the Royal Asiatic Society*

（《皇家亚洲学会会刊》）

10. *MémAcInscr = Mémoire de l'Académie des Inscriptions et Belles-Lettres*

（《法兰西文学院学术论文集》）

11. *PM = Petermanns Geographische Mitteilungen*

（《彼德曼地理通报》）

12. *SitzbAkBerlin = Sitzungsberichte der Königlich Preußischen Akademie der Wissenschaften zu Berlin*

（《普鲁士王国柏林科学院会议报告》）

13. *SitzbAkWien = Sitzungsberichte der Kaiserlichen Akademie der Wissenschaften zu Wien*

（《维也纳皇家科学院会议报告》）

14. *Tp = T'oung pao ou archives concernant l'histoire，les langues，la géographie et l'éthnographie de l'Asie orientale*

（《通报，或关于东亚历史、语言、地理和民族学的档案》）

15. *VhGesE = Verhandlungen der Gesellschaft für Erdkunde zu Berlin*

（《柏林地理学会研讨》）

16. *ZGesE = Zeitschrift der Gesellschaft für Erdkunde zu Berlin*

（《柏林地理学会会志》）

导　　论

第一章　古代中国与伊朗–图兰国家的直接交往史①

① 鉴于这一章的阐述基本上是对本书主题的导入性介绍，故而我们在此并未详细展开。先前关于这段古代亚洲交往史的研究如今在某些方面已略显过时，尽管它们当时对研究进展起到了极大的推动作用。这些研究包括：J. M. 帕德修斯（J. M. Pardessus），"古代丝绸贸易记录"（Mém. sur le commerce de soie chez les anciens），见《法兰西文学院学术论文集》（MémAcInscr），第 15 卷，1842 年，第 1 - 47 页；E. 帕里塞特（E. Pariset），《丝绸史》（Histoire de la soie），巴黎，1862 年；J. T. 雷诺（J. T. Reinaud），"公元 5 世纪罗马帝国与东亚的政治及商贸关系"（Relations politiques et commerciales de l'Empire Romain avec l'Asie Orientale pendant les cinq premiers siècles de l'ère chrètienne），见《亚洲学报》（JAsiat），第 6 期，巴黎，1863 年。此外，F. v. 李希霍芬（F. v. Richthofen）对这段历史做出过精彩的描述 [见《中国》（China），第 1 卷，柏林，1877 年，第 454 - 456 页]，类似的还有他的"关于公元 2 世纪之前的中亚丝绸之路"（Über die zentralasiatischen Seidenstraßen bis zum 2. Jh. n. Chr.），见《柏林地理学会研讨》（VhGesE），1877 年，第 96 - 98 页。H. 尼森（H. Nissen）的报告"中国与罗马帝国之间的交往"（Der Verkehr zwischen China und dem Römischen Reich）[见《莱茵兰古代文化爱好者协会年鉴》（Jb. d. Vereins v. Altertumsfreunden im Rheinlande），第 95 期，波恩，1894 年，第 1 - 28 页]，因翔实可信地描述了丝绸在罗马帝国的引进和消费情况而极具研究价值，可总体来说对于了解古代亚欧贸易往来并无太多新意。但是尼森的报告首次大量利用了汉学家 F. 希尔特（F. Hirth）关于叙利亚贸易研究方面的重要成果 [参见希尔特的报告"古代东方贸易史"（Zur Geschichte des antiken Orienthandels），收录于《柏林地理学会研讨》，1889 年，第 46 - 64 页；同时收录于《中国研究》（Chinese Studien），第 1 卷，慕尼黑和莱比锡，1890 年，第 1 - 24 页]。探讨相关主题但缺乏创新性的，还有 T. 吉田（T. Yoshida）的博士论文"古代至中世纪末丝绸贸易和丝织业的发展"（Entwicklung des Seidenhandels und der Seidenindustrie vom Altertum bis zum Ausgang des Mittelalters），海德堡大学，1894 年。

迄今研究的空白之处在于对《汉书》[也就是西汉（公元前 206—24 年）编年史] 和《后汉书》[即东汉（公元 25—220 年）编年史] 中有关章节里的历史描述做学术梳理。自 1882 年或 1907 年以来，我们通过完整的译本（详见 §16）已经知晓上述中文文献中的描述。它们构成了本书论述的主要资料来源，且经常引导我们得出与之前的观点出入颇大的结论。

第一节　公元前114—23年

§1. 中国与希腊-罗马文化圈接触较晚的原因。§2. 张骞出使西域开启了亚洲内部交往的序幕。§3. 汉人第一次贸易政策的失误及其后果。§4. 汉武帝的特殊举措对贸易往来的提振。§5. 西方民众参与此次交往情况。与叙利亚人的关系。§6. 亚洲内部交往的衰落与中断。

§1. 在古代人类交往史上，几乎没有一种商品能够像丝绸这样起着如此重要的作用。它使得两种迄今完全相互陌生的文化圈——中国文化和希腊-罗马文化开始有了密切联系。作为丝绸的故乡，中国率先迈出了推动东西方文化交往的第一步。然而直到公元前2世纪末，两种文化的亲近之旅才真正开始。因为在这之前的很长一段时期里，促使中西交往的种种条件都非常不利。中亚应该是最适合在东西方之间架设"桥梁"的地区，尽管横穿中亚的路途极其漫长和艰辛，但更多的不利因素却来自邻近草原民族的好战态度和仇视对外交往的影响。特别是从蒙古入侵的匈奴人（即欧洲匈人的祖先），他们阻碍了当时中国与西方的任何正常往来①。自公元前3世纪末修建长城以来，匈奴人的进犯才逐渐停息，中国封建王朝终于能够缓慢地休养生息了。很快，国内在商品贸易和交通往来等领域也显示出一片生机勃勃的繁荣景象，尤其是在汉武帝统治时期（公元前140—前87年），

---

① 在这段时间可能只有转了好几次手的小宗交易得以成行。人们从亚历山大大帝麾下名叫尼亚科斯（Nearchs）的将军的一段陈述中可以得出这一推论［见斯特拉博（Strabo）《地理学》（*The Geography*），第15卷，第693页］。尼亚科斯在记述中谈到的serischen意即"丝织品"，这种面料当时从北方传入印度西北部。

他是汉初统治者之一，或许也是汉室最成功的皇帝。在同一时期，类似有利的局面也见于距离中国最近的几个高度文明的西方国家里，它们位于药杀水（今锡尔河）上游平原和乌浒水（今阿姆河）平原以及安息国（即帕提亚帝国）以西地区，从亚历山大大帝统治时期开始，在这些国家里希腊的重商主义便已蔚然成风。

§2. 西汉使者张骞的伟大功绩在于，他先是在公元前 126 年把西域存在人口较多且善于经商的民族的消息带给了同胞，继而开辟了通往塔里木盆地并由此继续通向众多帕米尔山口的道路，打通了中国与西域的商贸往来。在他去世（公元前 114 年）后不久，第一支商队便踏上了通往西域地区的漫漫征途。此后中国与西域诸国商贸往来发展之迅猛令人难以置信。每年最多会有 12 支商队离开中国本土西行，每支商队由大约 100 个人以及数量众多的驮畜组成。西汉与受汉朝西域都护府管辖的塔里木盆地南部的绿洲居民，以及生活在伊塞克湖湖畔、乌浒水和药杀水流域的西域各族之间的贸易关系由此变得非常活跃。大宛（今费尔干纳）是当时最受欢迎的旅行目的地①。

§3. 这段时期到底是什么样的商品由商队输往西方，对此我们不得而知。无论怎样，丝绸在这个时候似乎尚未显出其重要性②。鉴于丝绸生产者迄今从未定期开展过对外贸易，因此他们也许意识不

---

①　参见 M. F. 布罗塞（M. F. Brosset）翻译的司马迁《史记》第一百二十三篇的内容，见《亚洲学报》，第 2 卷，1828 年，第 432－433 页。

②　这一看法在这里第一次被提出。它是基于司马迁《史记》里的两处记载。其中一处出自 §4 引用的陈述，据此得知直到公元前 105 年左右，丝绸才开始在中国本土大量流通，其中大部分显然都应该转向了外销。另一处陈述大致源于同一时期，它在谈及异族人时是这样描述的：“人们在他们携带的商品中既没有发现丝绸，也没有找到清漆……”（布罗塞，引文出处同上，第 439 页）。这种看法之所以值得注意，是因为之前的记载（如张骞的详细描述）从未说起过西域各族不熟悉丝绸这一事实。

到，即将被他们投放市场的丝绸会是何等备受渴求和珍视的一种面料。当时汉人还犯下了这样的错误，即不允许外国人踏入本国领土。此外，走完漫漫长途往往需花费旅行者大量的时间和盘缠，也正因如此，西域各族或多或少只是消极参与，此类商贸往来没能持续太久。其不利后果很快便显现了出来。西域人开始诋毁中国商品，甚至敢于摆出一副恣意专横的姿态，因为他们无须担心汉朝的军事打击。就这样，中国商人的抱怨与日俱增[①]。仅仅几年之后，张骞出使西域的伟大功绩便又面临烟消云散的局面。

　　§4. 精力充沛且目光敏锐的汉武帝明白，只有采取特殊举措才能真正促进贸易的繁荣发展。当他一再听闻民众的疾苦之后，他便到访国内各大城市[②]，正如我们从流传下来的文献中所了解到的，"汉武帝每到一处，便派人大量分发绸缎和其他名贵珍宝，为了以这种方式赔偿当地居民的损失，并通过自己慷慨大方的举动使民众认识到大汉王朝的富足和雅量。"[③]为了使自己治下的国家博得西域各族的尊重，汉武帝通过殷勤待客以及各式各样的欢庆活动，吸引越来越多的外邦人来到汉室宫廷，让他们亲眼目睹大汉王朝的无尽财富。汉武帝的此番举措大获成功。在西汉史学家司马迁的下列描述中，自豪感溢于言表。《史记·大宛列传》里原文如下："乌孙使既见汉人众富厚，归报其国，其国乃益重汉……西北外国使，更来更去。宛以西，皆自

---

　　① 布罗塞，引文出处同上，第434页。

　　② 布罗塞的译文有些模糊不清："武帝去几座海滨城市巡行，详细了解外邦国家的情况，并停留在人口最多的大城市。"（引文出处同上，第437页）汉武帝不可能在巡行中专程到访海滨地区，以获取关于外邦国家的详细信息！我们在这里或许更应该想到的是内河船运，因为众所周知，当时中国的国内交通经常是在内河上进行的。

　　③ 布罗塞，引文出处同上，第437页。

以远，尚骄恣晏然，未可诎以礼羁縻而使也。"①

此举堪称世界民族贸易史上的一次重大事件。在汉武帝之前中国人试图以闭关锁国之策对抗任何外邦的影响，而约从公元前105年开始，他们则打开国门，让本国财富面向所有异族商客。在汉武帝那次巡行之后，各地居民（并且很有可能是在汉朝北部和西北疆域的居民）无疑纷纷开始大规模生产丝绸制品②。作为生丝，丝绸或许自此开始成为最重要的出口商品，因为丝绸面料具有明显的内外优点，故而相比其他制品，丝绸更受异族人的青睐和渴求。

汉武帝兴兵征讨匈奴并大获全胜，兵锋最远直至大宛，军事上的胜利更加巩固了中国商客在外邦的强势地位。对汉武帝而言的一大利好在于，生活在塔里木盆地的绿洲居民逐渐完全归顺于其东部邻邦的统治。最终西汉在这一广袤地区特别设立了"西域都护府"，自公元前60年起由皇帝任命的都护统一管辖③。

§5. 居住在帕米尔山口另一侧（帕米尔高原以西）的是伊朗和图兰各民族，他们大多过着半定居、半游牧的生活。此外暂时生活在那里的还有印度西北部的居民（截至公元前约40年），他们与遥远的东方华夏民族保持着直接的往来关系④。当时商品交易最活跃的地

---

① 布罗塞，引文出处同上，第438页。此处描述充分反驳了李希霍芬的观点（见《中国》，第1卷，第456页），他认为聘任外邦人供职朝廷的做法并未取得长期成效。由此可见，李希霍芬完全低估了汉武帝此举的重要意义。

② 参见希尔特《中国和罗马人的东方》（*China and the Roman Orient*），莱比锡和慕尼黑，1885年，第226页注释1。

③ 《汉书》的相关记载，见《英国和爱尔兰皇家人类学研究所杂志》（*JAnthrI*），1881年，第22－23页；也可参见《通报，或关于东亚历史、语言、地理和民族学的档案》（*Tp*），1907年，第154页注释1。

④ 这条途经兴都库什地区的直通线路据说在汉元帝在位时期（公元前48—前33年）中断了（见《英国和爱尔兰皇家人类学研究所杂志》，1881年，第36页）。

区，一方面可能是在新开发的中国西北郡县各大商埠，另一方面则是在自古以来就闻名遐迩的巴克特拉城，相比过去，现在这座古城在伊朗东部地区作为重要交通中心的地位或许更为凸显①。大约公元前165年，一支游牧民族从他处迁居巴克特里亚，希腊人将之命名为吐火罗人，中国人则称之为月氏，他们夺取政权并统治当地居民，这对该地区的贸易状况只能起到促进作用。首先这些此前一直过着游牧生活的吐火罗人好像很快就适应了当地人的高度文明。但是最主要的原因还在于，相比所有其他的西方民族，他们肯定更有可能与在语言和习俗方面如此特殊的华夏民族相互沟通、理解，因为在公元前165年之前，他们始终与中国人直接结邻而居（当时他们就生活在今甘肃省西北部），因此在很长一段时间里，他们肯定已和中国人有了小范围的交往。同样不惧长途跋涉去往中国的帕提亚人，将大部分中国商品继续从巴克特里亚运往西方，他们不仅要给自己的帕提亚帝国供应中国商品，还要越过幼发拉底河河界把它们运抵叙利亚，继而将之销往其

---

① 李希霍芬认为，位于撒马尔罕和乔吉特之间的乌拉托普城是当时西方最重要的商埠，据说帕提亚人就是从这里开始，把中国商人存放在此处的货物继续转至他们自己的国家安息国（即帕提亚帝国）的（布罗塞，引文出处同上，第450、463、495页）。李希霍芬在此主要是基于司马迁《史记》中的记载，后者把大宛与乌拉托普视为同一地方，并将之描述为最受中国商客喜爱的旅行目的地（布罗塞，引文出处同上，第433页）。

笔者在这里要提出异议，因为李希霍芬的上述评论仅仅涉及截至公元前105年左右的短暂时期。现在最终可以确定的是［主要参见希尔特的阐述，见《地理杂志》(*Geographische Zeitschrift*)，1896年，第446页］，公元前105年之后，中文文献里提及的大宛便不再与乌拉托普，而是与费尔干纳盆地同属一地了。在这个地方曾经存在过一处规模较大的商业重镇，根据史料这一推论几乎是不可能的，因为中文文献虽详细描述过大宛国，但对此却只字未提，大宛国对西方史学家来说甚至是完全陌生的。此外，本书在主体部分里也将证实，汉代编年史中并未述及一条从大宛通向安息国即帕提亚帝国（当然需途经撒马尔罕）的丝绸之路，但却可能提到一条从巴克特拉通往帕提亚的商路，另外还有三条从塔里木盆地去往巴克特拉的路线。以上所有史实均不容置疑地指明，最终目的地为帕提亚地区的丝绸并非借道撒马尔罕，而是经由巴克特拉被运抵的。

他地中海沿岸国家。

　　然而在东西方交往的最初几十年里，上述商贸关系似乎只起了微乎其微的作用。因为叙利亚作为当时的贸易中转区，是先前无比强盛的塞琉西王国最后的据点，却由于国内连年骚乱而在经济上极度萧条①。公元前64年庞培占领叙利亚，并使之改头换面，成为罗马帝国的一个行省，从那以后，更为健康地发展与帕提亚人的贸易及交通往来才变得可能，尽管时常发生的边境战争会给这一发展制造某些障碍。叙利亚在罗马帝国版图内能够与埃及并列成为最繁盛的商业区，这在很大程度上要归功于它与亚洲国家的商贸往来。一部分中国商品好像也是经由印度通过海运送达这里的。丝织业在古腓尼基城市提尔和贝鲁特享有极高的声望，在这里人们凭借高超的手艺把进口的生丝制成各式各样的面料，把它们和其他织物编结在一起，用金缕在上面刺绣，或者把它们染成紫色②。当然大部分丝织品都流向了罗马市场，自罗马共和国衰落以来，罗马消费市场对丝织品的需求正不断上升。相反，不同种类的叙利亚贸易产品纷纷被输往中国。例如，一部汉学文献③就列举了织物17种、染色的面料、彩色地毯、不同颜色的玻璃、金属、珠宝、雕花宝石、琥珀和珊瑚饰品、药材等。尽管中国和叙利亚作为贸易双方在很大程度上相互依赖，但是直接的陆路联系在这一时期并未形成。

---

　　① 参见 Th. 蒙森（Th. Mommsen）《罗马史》（*Römische Geschichte*），第3卷，第8版，柏林，1889年，第138–140页。

　　② 蒙森，引文出处同上，第5卷，第1版，1885年，第464–466页；此外可特别参见本书第1页脚注1里引用的希尔特和尼森的报告。

　　③ 参见希尔特《中国和罗马人的东方》，第72–74页和第228–230页；同时收录于《柏林地理学会研讨》，1889年，第55–57页。

§6. 我们无法详细探究公元前 1 世纪东西方交往的波动程度，因为我们对参与交往的各民族的历史知之甚少。塔里木盆地周边的社会历史状况无疑对这一交往产生了重大影响。如我们所知，公元元年前后，西汉王朝在塔里木盆地的威望开始逐渐下降①，这种不利局面必然也会对贸易产生消极影响。不久以后，当中国国内的安定也因为王位争夺和内战而遭到破坏时，塔里木盆地的所有国家纷纷挣脱汉族统治的枷锁，重新像以前那样依附匈奴。在张骞出使西域之后，汉王朝通过发动多次战争，逐渐将匈奴人逼迫至蒙古腹地，而现在他们再次变得强盛起来，能够重新进犯中国北部边境地区。所有这些因素叠加导致的后果，便是东西方之间的商旅往来不得不于公元 23 年中止②。从那以后，人们只得更多地转向印度的水上交通，因为在接下来的几年里，我们可以注意到，丝绸进口量在最远的西方和罗马帝国境内不降反升③。

第二节　公元 87—127 年

§7. 东汉名将班超夺回塔里木盆地。§8. 西域各族开始恢复与东汉的友好交往关系；公元 100 年左右贸易往来达到顶峰；叙利亚人和中国人致力于直接通商的努力无果。§9. 交往关系的中断；海上交通的进一步繁荣。

---

① 《汉书》相关记载，见《英国和爱尔兰皇家人类学研究所杂志》，1882 年，第 110 –112 页。

② 《汉书》相关记载，引文出处同上，第 112 页。

③ 详情参见尼森，引文出处同上，第 11 页。

§7. 在国内政权再次得到巩固之后，东汉王朝的统治者才开始着手制订计划，以重新恢复在大约 60 年前中断的与西方的陆路联系。他们首先要做的便是厘清塔里木盆地所处的形势。该地区的居民厌倦了匈奴人的统治，于公元 25 年至 55 年间又开始向当时的东汉开国皇帝光武帝刘秀请求庇护[1]。同时匈奴大肆侵犯和破坏中国西北部边境地区，这是东汉最终决定进行武力干预的直接诱因。汉军在名将班超的率领下西征，于公元 73 年在巴里坤湖附近彻底击溃了匈奴人。随后班超重新开始贯通亚洲内部的商贸往来，当然他的努力也并非一帆风顺。打通东西方交往耗费了班超大约 20 年的时间，其原因或许在于，他不像张骞先前做的那样以盟约形式与外邦修好关系，而是试图通过武力征服达到自己的目的[2]。以往研究者猜测，班超曾大规模挥师远征，最终越过帕米尔山口直达里海沿岸地区，最近这一假设被证明是不当的[3]。

§8. 这一次建立东西方贸易关系的倡议好像不是由中国，而是由西域文明古国发起的。因为早在公元 87 年，当班超还在尝试恢复塔里木盆地正常的生活和社会秩序时，帕提亚人就已向东汉朝廷派遣了一支使节团。不久之后，吐火罗人也效仿帕提亚人向中国派驻使节，前者在此期间已将其统治范围扩张至巴克特里亚东南地区，直至

---

[1] 《后汉书》相关记载，见《通报，或关于东亚历史、语言、地理和民族学的档案》，1907 年，第 155 页。

[2] 《后汉书》相关记载，引文出处同上，第 156、159 页。

[3] 参见沙畹的论述（《通报，或关于东亚历史、语言、地理和民族学的档案》，1906 年，第 210 页），及其随后对《后汉书》中所列班超生平传记的译文。据此，之前认为公元 100 年前后中国统治图兰诸国的观点也是站不住脚的。

印度河甚至更远的地方。此外，去往中国的有来自印度西北部的使节①。

　　总的来说，这些新建立的贸易关系或许正印证了古代中西方之间的交往，这一交往应该是在公元100年达到了顶峰。多种不同的因素均说明了这一点。塔里木盆地和相邻的东北地区当时被统称为"西域国家"，它们完全处在中国的统治之下；班超作为都护监护西域诸国②，都护之下又设置了大量其他官员。可以想象，保障东西方有序交往的条件在西域地区是最为有利的。事实上古籍文献里也明确记载，来自最遥远地区的商队当时都曾长途跋涉去过中国，它们当中不仅有那些早在很久以前就已与中国人建立了直接联系的民族，还包括中国人此前只是道听途说③甚至根本就不熟悉的国家④。有文献记载："这些西域商人往中国带去了各自的贡品和礼物，为了交流他们需依次雇佣多名翻译"⑤。

　　相比之前，当时的罗马帝国对中国丝绸的消费量肯定更大，因为那个时候罗马帝国的疆域空前辽阔，对奢侈品的需求也在不断上升。丝织业始终主要为叙利亚工厂主所掌控。罗马帝国在经历了与帕提亚人长期的边境战争之后终于迎来了安定，这对于罗马帝国和其他地区

---

　　① 《后汉书》相关记载，引文出处同上，第177、193页；同时参见沙畹的记述，引文出处同上，1906年，第232-233页。

　　② 《后汉书》相关记载，引文出处同上，第158页。

　　③ 这里指的是西亚古国条支（《后汉书》相关记载，引文出处同上，第159页），后来被考证为今邻波斯湾的布什尔地区。

　　④ 此处指的是西域古国蒙奇和兜勒（《后汉书》相关记载，引文出处同上，第159页），迄今无法对它们进行考辨，因为这两个古国的名称在其他文献里无处证实。

　　⑤ 《后汉书》相关记载，引文出处同上，第159页。

的贸易往来也起到了极大的促进作用①。在这段时期，叙利亚人多次付出巨大的努力，以寻求与丝绸生产者建立起直接联系；另一方面，中国人也致力于与叙利亚人直接通商，并为此专程派遣将领甘英于公元 97 年率使节团出使大秦（即罗马帝国）。可是所有这些努力均遭到了当时安息国（即帕提亚帝国）的阻挠破坏，因为帕提亚人担心他们会因此丧失有利可图的居间贸易机会②。

　　§9. 中国和西方之间有利的贸易形势这一次只维持了很短的一段时间。公元 105 年，塔里木盆地的动乱再次导致中国与西域诸国贸易的衰落。起初是东汉与印度西北部的交通中断了③。汉人还能够勉强保住亚洲内部几个固定的贸易中转场所，可是到了公元 127 年，其余的西域各族也中断了和汉人的所有往来关系④。这样一来，古代东西方经由中亚进行频繁交往的那一重大时期便宣告结束了⑤。现在人们只能长期依赖于海上交通了，正如我们所看到的，早在公元前 1 世纪，这种取道海路的贸易往来肯定就已经开始了⑥。公元 166 年，一些叙利亚商人正是通过这种海上交通才成功抵达汉朝都城，他们自称

10

---

　　① 参见蒙森，引文出处同上，第五卷，第 394 - 396 页。

　　② 《后汉书》相关记载，引文出处同上，1907 年，第 185、178 页。

　　③ 《后汉书》相关记载，引文出处同上，第 193 - 194 页。

　　④ 《后汉书》相关记载，引文出处同上，第 167 页。还在公元 107—123 年，双方的友好交往关系就总是时断时续（《后汉书》相关记载，引文出处同上，第 160 - 162 页）。

　　⑤ 在接下来的几个世纪里，尤其是在公元 270—289 年［参见沙畹从 M. A. 斯坦因（M. A. Stein）的著述《古代和田》（*Ancient Khotan*，伦敦，1907 年）第 537 页注释 1 中获取的证据］，中国与药杀水（今锡尔河）沿岸国家有过短暂的交往关系，但这种关系几乎不可能发展成东西方之间较大规模的交往。

　　⑥ 参见李希霍芬《中国》，第 1 卷，第 503 - 505 页；同时参见他的报告，"论古代和中世纪以中国为出发地和目的地的海上交通"（Über den Seeverkehr nach und von China im Altertum und Mittelalter），收录于《柏林地理学会研讨》，1876 年，第 86 - 88 页。

是大秦王安敦（也就是罗马帝国皇帝马尔克·奥列里乌斯·安东尼）派出的使节①。

①　参见希尔特，《柏林地理学会研讨》，1889 年，第 59 页；《后汉书》相关记载，引文出处同上，1907 年，第 185 页。

第二章　对古代丝绸之路相关文献及其加工整理的一般性评述

　　§10. "丝绸之路"这一名称似乎是由李希霍芬首先提出并使用的，他用这种命名方式指涉横贯中亚的那些交通路线。"丝绸之路"于公元前114年至127年这段时间促成了中国与乌浒水（今阿姆河）和药杀水（今锡尔河）沿岸国家，以及和印度之间的丝绸贸易①。在此我们也想把"丝绸之路"扩展至向西直达叙利亚的那些通道。因为虽然在这段贸易时期，叙利亚从未与当时雄踞东方的大帝国汉朝建立过直接联系，但正如我们从希尔特的研究中所获悉的，它却是产自中国的丝绸在西方最大的销售区域之一，而中国丝绸主要是途经内亚和伊朗被运抵叙利亚的。

第一节　遗迹及其考证

　　§11. 新疆地区被遗弃的交通路线和住宅遗迹。§12. 主要由斯坦因对这些遗迹进行的考证。

---

　　① 参见第1页（即导论第一章章名后——译者注）脚注。

§11. 对"丝绸之路"这一主题进行深入细致的探讨是非常值得的，对原始资料及其加工整理所做的对比考察能够最为直观地体现出这一点。

在丝绸之路沿线的遗迹当中，那些不久前才在新疆不同地区被发现，并已由学者做过详细研究的遗迹值得在这里被提及。例如，在吐鲁番周边地区，D. 克莱门茨（D. Klementz，于 1898 年），A. 格伦威德尔（A. Grünwedel，于 1902—1903 年、1906—1907 年），以及后来的 A. v. 勒柯克（A. v. Le Coq，于 1904—1906 年）一道都开展过大量的考古发掘工作。在塔里木盆地内部，斯文·v. 赫定（Sven v. Hedin，于 1894—1897 年、1899—1902 年）起初是在进行纯粹的地理学研究，后来也致力于研究由他发现的废墟和遗迹。但是这方面最辉煌的成就当拜杰出的考古学家斯坦因分别于 1900—1901 年和 1906—1908 年所做的两次考察旅行所赐。尤其是在塔里木盆地以南的狭长地带，斯坦因成功地发现了一处可能于公元 3—8 世纪盛极一时的古代文明的遗址——尼雅遗址，并使大量的宝藏重见天日。上述所有研究表明，当然只有很少一部分被遗弃的商道路线的遗迹直接保留至今，作为补偿我们却发掘出大量古代住宅的遗址，它们中的某些在全盛时期必定充当了古丝绸之路上的重要驿站，而现在它们大多被掩埋在远离交通要道的荒沙之下，因而或多或少被当今民众遗忘了。

§12. 毫无疑问，斯坦因最后一次考察旅行的收获对于我们认识古代丝绸之路的帮助最大。可是他的研究成果内容如此丰富——仅是手稿和文献汇编就有将近 8 000 页，而且是以大约 12 种不同的文字和语言写成的，人们需要很多年的时间才可能把这些材料全部编辑出版。迄今我们只是粗略地知晓斯坦因的研究成果①。人们对斯坦因早期研究成果②进行了加工整理，当然就跟上文提到的其他考古学家的研究文章③一样，这样的整理工作也主要带给我们语言学和历史学方 12面的真实材料，为了对这些材料进行对比或是详细解释，我们也总要不断参照中国的文献记载。但是就本书所探讨的主题而言，以上研究只在很小的程度上能够为我们所用。

---

①　斯坦因，"中亚考察实记 1906—1908 年"（Explorations in Central Asia 1906 - 08），见《地理杂志》，第 34 卷，1909 年，第 5 - 36 页和第 242 - 271 页。其德文版为 Geographische und archäologische Forschungsreisen in Zentralasien 1906 - 08，见《维也纳皇家地理学会通报》，1909 年，第 289 - 324 页；另见《慕尼黑地理学会通报》（*Mitt. d. Geogr. Ges. München*），1909 年，第 147 - 178 页。其法文版为 Exploration géographique et archéologique en Asie centrale（1906 - 08），见《地理》（*La Géogr.*），第 20 卷，1909 年，第 137 - 154 页。类似的还有："1906—1908 年中亚考察期间的考古学笔记"（Archaeological notes during explorations in Central Asia in 1906 - 08），见《印度文物工作者》（*The India Antiquary*），1909 年，第 297 - 302 页，以及 1910 年，第 11 - 18 页和第 33 - 43 页；"斯坦因考察旅行图记"（Karte zu Steins Reise），见《地理评论》（*Földrajzi Közlemények*），第 37 卷，1909 年。
②　斯坦因，《中国新疆地区考古和地形探测之旅初步报告》（*Preliminary Report on a Journey of Archaeological and Topographical Exploration in Chinese Turkestan*），伦敦，1901 年。类似的还有：《沙土掩埋下的和田废墟：中国新疆地区考古和地理探测之旅个人记叙》（*Sand-Buried Ruins of Khotan. Personal Narrative of a Journey of Archaeological and Geographical Exploration in Chinese Turkestan*），伦敦，1903 年；特别是他的两卷本著作《古代和田：中国新疆考古发掘的详细报告》（*Ancient Khotan. Detailed Report of Archaeological Explorations in Chinese Turkestan*），牛津，1907 年。
③　克莱门茨，"关于 1898 年受圣彼得堡皇家科学院委托前往吐鲁番进行科学考察的报道"（Nachrichten über die von der Kaiserl. Akad. d. Wiss. zu St. Petersburg im Jahre 1898 ausgerüsteten Expedition nach Turfan），见《圣彼得堡皇家科学院论文集》，第 1 期，1899 年。格伦威德尔，"高昌故城及其周边地区的考古工作报告（1902—1903 年间冬季）"（Bericht über archäologische Arbeiten in Idikutschari u. Umgebung im Winter 1902 - 03），见《巴伐利亚王国科学院论文集》（*Abh. d. 1. Kl. d. Kgl. Bayr. Akad. d. Wiss.*），第 24 卷第 1 集，1906 年。勒柯克，"中国新疆地区考察旅行和考古工作报告"（Bericht über Reisen u. Arbeiten in Chinesisch-Turkestan），见《民族学杂志》（*Zs. f. Ethnologie*），第 39 期，1907 年，（见下页）

第二节　中国文献记载及其加工整理

§13. 司马迁；西汉和东汉编年体史书。§14. 对汉代编年史的早期加工整理。§15. 李希霍芬对中亚丝绸之路的研究。§16. 当前研究现状；伟烈亚力和沙畹对汉代编年史的重译与阐释。§17—19. 沙畹对其他学者（格瑞纳、希尔特等人）最新研究成果的应用；重新研究的必要性。§20. 本书的任务。

§13. 几乎仅凭中国古籍文献里的记载，我们就能获取有关古代丝绸之路的基本知识。在这些丰富的典籍作品中，专门记述和研究汉代的文献占了首要地位。如果说宫廷史官司马迁的《史记》还是优先以截止到公元前 90 年的历史状况为线索，那么西汉（公元前 206 年—24 年）和东汉（公元 25—220 年）的编年体史书则向我们提供了真正的地理学方面的珍贵资料。因为两汉时期的编年史主要以数据统计的方式刻画了丝绸之路主要线路的基本走向，记录了丝绸之路沿线不同驿站的规模和大小（其古称当然都以标准的汉字形式标注了出来），记载了这些驿站彼此之间的距离等。许多内容令读者乍一看颇感神秘隐晦。尽管如此，汉代编年史仍是我们研究古代交通线路的原始资料。即使是从更为普遍的观点来看，这些文献也值得引

（接上页）第 509 - 524 页。类似的还有："普鲁士皇家第一次（即德国第二次）中国新疆吐鲁番考察的缘起、行程和收获"［A Short Account of the Origin, Journey and Results of the First Royal Prussian(Second German) Expedition to Turfan in Chinese Turkestan］，见《皇家亚洲学会会刊》（*JRAsS*），1909 年，第 294 - 322 页；"吐鲁番考古探险"（Exploration archéologique à Tourfan），见《亚洲学报》，第 10 辑第 14 卷，1909 年，第 321 - 334 页。

起我们最大的关注。毕竟它们最早同时极其详尽地描述了当时已为人们所熟知的中亚地区。它们对中亚以西直达叙利亚沿途国家的描述，极大地补充了西方流传下来的文字记载，因为西方文献非常欠缺对那些国家当时所处状况的说明。

　　§14. 在欧洲学者当中，法国耶稣会会士 L. J. 德金（L. J. Deguignes）最先认识到两汉编年史中所蕴含的极高的学术价值，因此他从中翻译了一些重要章节，并对部分译文进行了注解——他于1756 年出版的著作在该研究领域产生了划时代的影响①。但是要对古籍文献进行全面研究还缺少很多先决条件。人们清醒地意识到当时的地图资料极不完善。于是不久，学者便开始尝试求助于中国人基于历史学和民族志的描述②。在这种情况下，卡尔·李特尔（Carl Ritter）虽说将迄今相关研究成果在他的鸿篇巨著《亚洲》（*Asien*）的第五卷（柏林，1837 年）里进行了汇编，但他也未能就"古代通商要道"这一主题做更进一步的研究。

---

① 德金，《匈奴、土耳其、蒙古和其他鞑靼诸国通史》（*Histoire générale des Huns，des Turcs，des Mongols et des autres Tartares occidentaux*）（从中国古籍中加工整理的四卷本），巴黎，1756 年；该书由 J. C. 德纳特（J. C. Dähnert）翻译，并于 1768—1771 年在格赖夫斯瓦尔德出版德文版。重要的文献还有 B. 德埃贝洛（B. d'Herbelot）的《东方丛书补编》（*Bibliothèque orientale*）[后由刘应（Visdelou）和加朗（Galand）继续编纂完成]，第 4 卷，海牙，1782 年。

② H. J. 克拉普罗特（H. J. Klaproth），《亚洲历史概貌（附有亚洲历史图集）》[*Tableaux historiques de l'Asie（mit histor. Atlas von Asien）*]，巴黎，1826 年。M. 阿贝尔-雷慕沙（M. Abel-Rémusat），《于阗城史》（*Histoire de la ville de Khotan*），巴黎，1820 年。类似的还有："中国向西拓疆纪实"（Remarques sur l'extension chinoise du côté de l'occident），见《法兰西文学院学术论文集》，第 8 卷，1827 年；《亚洲杂文集》（*Nouveaux mélanges asiatiques*）（两卷），巴黎，1829 年。C. F. 诺依曼（C. F. Neumann），《亚洲研究》（*Asiat. Studien*），第 1 卷，莱比锡，1837 年。J. P. G. 鲍狄埃（J. P. G. Pauthier），《中国与西方列强的政治关系》（*Relations politiques de la Chine avec les puissances occidentales*），巴黎，1859 年。

§15. 在对中国的研究方面功勋卓著的地理学家李希霍芬男爵最终转向了这一艰巨的科研任务。在此我们回想起他于 1877 年所做的学术报告"关于公元 2 世纪之前的中亚丝绸之路"（Über die zentralasiatischen Seidenstraßen bis zum 2. Jahrhundert n. Chr.），还有同年出版的他的五卷本传世巨著《中国——亲身旅行的成果和据此所做的研究》（China：Ergebnisse eigener Reisen und darauf gegründeter Studien）第 1 卷第 10 章里的内容。在那一章里李希霍芬首次详细探讨了我们所关心的重要问题，这一问题在内亚诸多交通要道当中主要涉及中西方之间的往来通道。此外该章节也是第一次尝试以流传下来的距离参数为基础来鉴别中国地名。在这方面，李希霍芬的著述意味着研究方法上的一次巨大进步。

遗憾的是，李希霍芬在创作他的鸿篇巨著时所能参考的资料相当有限且极不完整。当时的地图欠缺准确性，这使得他在很多情况下无法对名称进行确定。另外可供他使用的译自中国文献的译文也仅为节译和选译，他本人也明确表达过对翻译资料匮乏的不满[1]。

§16. 这方面的问题在接下来的 30 年有了极大的改善。对于有关国家的研究，在今天有了相对精确和详细的地图以资参考，它们作为绝佳的辅助工具，使我们能够更加肯定地鉴别和验明古代的地名。就中国汉代编年史的翻译而言，现在全译本取代了原先的节译和选译。随着翻译工作的不断推进，自 1882 年以来，由伟烈亚力翻译的

---

① 见《中国》，第 1 卷，第 462 页注释 1。李希霍芬参考的是前面刚刚列举过的德金、克拉普罗特和雷慕沙的作品，这些作品里出现的只是些对汉代编年史的节译和选译；当时仅有布罗塞对司马迁《史记》中有关章节的完整翻译，见《亚洲学报》，第 2 卷，1828 年，第 418 - 450 页。也可参见下一条注释。

西汉编年史即《汉书》的有关章节可供我们使用①，1907 年之后，由沙畹翻译的东汉编年史即《后汉书》的有关章节也面世了②。沙畹给译文所附的注解极具研究价值，包含了大量来自后期文献的例证。沙畹的注解也向我们描述了当前的研究现状，因为它内容翔实，自李希霍芬以来正式出版的较为重要的研究成果皆涵盖其中。

在沙畹的注解所包含的内容中，我们首先感兴趣的是现如今人们在认识古代地理名称的意义方面进展如何。在这方面我们必须清醒地意识到，尽管该领域的研究已经取得了某些进展，可我们仍对许多名称的意义不是特别肯定，这其中也包括一些在《汉书》里被提及的名称，尤其是那些在沙畹的译文中未再次出现的名称。在各条交通线路对于古代中西方交往有何意义这个问题上，李希霍芬的阐述直到现在仍被视为具有决定性的影响。

§17. 沙畹所用的其他学者的研究成果从总体上来看可以涵盖三 15 块面积较大的区域。F. 格瑞纳（F. Grenards）的研究③主要集中在新

---

①　见《英国和爱尔兰皇家人类学研究所杂志》，1881 年，第 20 - 73 页；续篇出处同上，1882 年，第 83 - 115 页。在此之前只有帕特尔·亚森特（Pater Hyacinth）出版的俄语全译本《准噶尔盆地和新疆过去及当今状况描述》（*Beschreibung der Dschungarei u. des östlichen Turkestans in ihrem älteren u. heutigen Zustand*），圣彼得堡，1829 年。

②　见《通报，或关于东亚历史、语言、地理和民族学的档案》，1907 年，第 149 - 237 页。在此之前，除德金（1756 年）和克拉普罗特（1826 年）的节译及选译（参见前页注释 1、2）之外，只出版过篇幅较短的零星译文，主要包括：鲍狄埃的翻译，见《亚洲学报》，第 3 辑第 8 卷，1839 年，第 262 - 264 页；希尔特（参见后页 §19 关于希尔特的注释）的翻译；C. 普意尼（C. Puini），"关于中国首次与西方国家建立关系的一些资讯"（Alcune notizie, sulle prime relazioni della Cina co' paesi d'Occidente），见《意大利地理学会第三届研讨会论文集》（*Atti del III⁰ Congr. Geogr. Ital.*），第 2 卷，1899 年，第 401 - 422 页。

③　J. L. 杜特雷依·德·兰斯（J. L. Dutreuil de Rhins）和格瑞纳，《亚洲高地科学考察报告（1890—1895 年）》（*Mission scientifique dans la Haute-Asie 1890 - 95*），第 2 卷，巴黎，1898 年。

疆。格瑞纳似乎不了解李希霍芬的研究成果，和李希霍芬一样，他也以汉代编年史里的距离参数为研究起点。所不同的是，在丝绸之路的南道走向问题上，他的看法与李希霍芬的观点出现了分歧，因为他将丝绸之路位于和阗城以东的线路向南迁移了很远，却并未让它和今天的线路重合。他的这一见解是否以及在多大程度上是合理的，或许我们要在同时参考赫定①和斯坦因的研究成果之后才能给出定论。在涉及其他区域的研究中也存在许多模糊之处，因为那些研究对中国文献记载并未做详尽的处理。

§18. 我们主要考察位于帕米尔高原地区、锡尔河和阿姆河流域平原以及印度北部的古代丝绸之路沿线国家。迄今人们根本未能将这些国家的地理信息关联起来加以研究。学者们仅仅致力于研究具有更多民族志属性的个别问题，在这方面尤其重要的研究成果主要涉及位于咸海沿岸的奄蔡和阿兰②以及大月氏③。相反，人们几乎从未成功地就中国文献里的大量地名得出确定无疑的考证结果。其原因明显在于，两汉编年史中的有关距离参数迄今仍然令研究者不解。因此直到现在，学界不仅对各条交通线路的走向和重要意义，也对一些国家如

---

① 赫定，"中亚旅行的地理考察成果（1893—1896 年）" ［Die geographisch-wissen-schaftlichen Ergebnisse meiner Reisen in Zentralasien（1893 - 96），见《彼德曼地理通报》（增刊）（PMErgh），第 131 页，哥达，1900 年。类似的还有《1899—1902 年中亚科学考察成果》（Scientific Results of a Journey in Central Asia 1899 - 1902）第 1、2 卷，斯德哥尔摩，1904—1905 年。

② A. v. 古奇米德（A. v. Gutschmid），《伊朗及其邻国的历史——从亚历山大大帝到安息王朝的没落》（Geschichte Irans u. seiner Nachbarländer von Alexander dem Großen bis zum Unter-gang der Arsaciden），图宾根，1888 年，第 70 页。希尔特，"论伏尔加匈人和匈奴"（Über Wolga-Hunnen und Hiung-nu），见《巴伐利亚皇家科学院哲学-语言学和历史学类会议报告》（Sb. d. Münch. Ak. Philos. -Philol. u. histor. Kl.），慕尼黑，1899 年，第 2 期，第 249 - 251 页。

③ J. 马迦特（J. Marquart），《莫西斯·索伦纳齐神父地理学视角下的萨珊王朝》（Ērānšahr nach der Geographie des Ps. Moses Xorenac' i），柏林，1901 年，特别参见（见下页）

康居和罽宾的地理位置及国土范围存有很大的困惑，甚至在一定程度上存在非常大的观点分歧。

§19. 至于中国古代文献对西域以西诸国的报道，它们通过杰出 16 的汉学家希尔特在其 1885 年出版的著作《中国和罗马人的东方》里得到了全面彻底的研究①。1899 年，希尔特又在一篇特邀文章里将自己的部分研究成果再次刊出，并对某些方面进行了补充②。希尔特最重要的研究成果在于，他最先对《后汉书》里所描述的疆域辽阔、国力强盛的大帝国——大秦（Ta Ts'in）——做了正确的解释，并详细说明了自己持这一观点的理由。之前人们一直把中国古籍里记载的大秦视为以罗马为都城的罗马帝国，而希尔特则依据所有相关的中国文献，亲自对其中的大部分重新做整理、翻译和出版，在此基础上他得以向人们提供真实可靠的证据，说明大秦仅指罗马以东的近东地区，而且可能主要是指都城设在安条克（今安塔基亚）的叙利亚。

（接上页）第 199－201 页。O. 弗兰克，"中国文献里对于突厥诸族和中亚塞西安人的相关记载"（Beiträge aus chinesischen Quellen zur Kenntnis der Türkvölker u. Skythen Zentralasiens），见《普鲁士王国柏林科学院论文集》，1904 年，《哲学-历史学类论文集》，第 1 卷。E. 西格（E. Sieg）、W. 西格林，"吐火罗语为印度-斯基泰语——对一种前所不知的印欧语的初步考释"（Tocharisch, die Sprache der Indoskythen. Vorläufige Bemerkungen über eine bisher unbekannte indog. Literatursprache），见《普鲁士王国柏林科学院会议报告》（*SitzbAkBerlin*），1908 年，第 39 期，第 915－934 页。

① 也可参见 K. 希姆莱（K. Himly）发表在《哥廷根学者通告》（*Göttingischen Gelehrten Anzeigen*）上的详细注释，1886 年 9 月 1 日。

② 希尔特，"公元初年叙利亚与中国的关系"（Syrisch-chinesische Beziehungen im Anfang unserer Zeitrechnung），见 R. 奥伯胡默（R. Oberhummer）、H. 齐默勒（H. Zimmerer），《穿越叙利亚和小亚细亚》（*Durch Syrien und Kleinasien*），柏林，1899 年，第 436－438 页。

　　与此相反，希尔特同样在对两汉时期的编年史做了仔细研读之后，认为从帕提亚通向叙利亚的交通线是丝绸之路的主要走向。在此我们不得不对他的这一观点提出强烈反对，因为从地理学的视角来看，希尔特的说法是不可想象的，他认为当时从巴比伦尼亚出发的商人并非直接向西去往叙利亚，而是乘船踏上环绕整个阿拉伯世界的海上之旅①，也就是说他们走的这段弯路在距离上是直通路线的七倍之远！仔细探究希尔特的论证后人们便会发现，他将条支国确定在巴比伦以南的巴尔-内杰夫沼泽地区的做法必定对上述观点的提出起了决定性影响②。据我所知，菲利普斯（Philipps）是唯一指出希尔特此举纯属谬误的学者，他也正确地注意到，希尔特将两者等同的做法在某种程度上构成了他全部研究的中心③。如果将条支国迁移至巴尔-内杰夫地区的做法被证明是错误的，那么希尔特的其他看法也将因此在很大程度上失去证明力，而它们可是支撑希尔特关于古代丝绸之路走向的整个观点的基础。

　　§20. 我们认识到，在这一研究领域我们的知识还有很大欠缺。因此本书的任务即在于以尽可能详尽的描述方式，重新研究司马迁的《史记》、班固的《汉书》和范晔的《后汉书》里有关章节提供给我们的所有地理资料。出于这一目的，后期中国的相关文献说明以及最新考古发掘的成果也应一并加以参考。

　　在鉴别地名方面，应当由距离参数起决定性作用，因为根据这种测绘方法即制图学方法，我们能够期待得到准确可靠的研究结果，正

---

　　①　参见《中国和罗马人的东方》，第169页。
　　②　同上书，第37-38页、第147-150页。希姆莱在他的评注（引文出处同上，第714-715页和第721-722页）里赞同希尔特的论证。
　　③　参见《中国和罗马人的东方》，序言部分第9页。

如地理学史其他领域的研究所显示的那样。但是鉴于距离参数在许多方面并不是很容易就能被理解，因此它们应当首先被仔细考量。在这一过程中不言而喻的是，我们也须更为详细地探讨汉代编年史及其原始资料的内容和产生过程。在我看来，迄今学界在这方面尚未开展详尽彻底的研究①。

考虑到古地名只能通过测定道路的走向才可确认，我们的研究也必须依循丝绸之路的走向，并且是按史书记载的沿由东向西的方向。我们的研究以阳关为起点，它在古代是长城最重要的门户，位于敦煌和罗布泊（北纬 40°20′、东经 93°）之间，研究的终点是叙利亚工业城市泰尔（北纬 33°15′、东经 35°10′）。我们的研究结果将会向人们绘制出一张巨大的交通网络图，它几乎横贯整个中亚和西亚。

正如之前所说，所有的地理资料都应得到验证，因此我们也须对水文地理和民族志方面的描述做一番考察。同时，考虑到我们想对古代丝绸之路的交通状况给出尽可能详尽的描述，我们的这番考察当然也是必要的。换言之，我们的任务就在于，仔细研究汉朝统治时期中国人获取的关于外邦国家的所有地理知识，在此过程中，考察丝绸之路的交通线路应当在总体上构成我们研究的基础。

18

---

①　重要的前期准备工作参见希尔特，引文出处同上，第 1 – 13 页。此外还可参见他的论文"中国编年史作为研究亚洲各民族历史的参考资料"（Die chinesischen Annalen als Quelle zur Geschichte asiatischer Völker），见《中国研究》，第 1 卷，慕尼黑和莱比锡，1890 年，第 68 – 75 页。

第三节　古希腊-罗马文献记载及其加工整理

§21. 希腊人和罗马人的早期报道。§22. 马里努斯和托勒密。§23. 唐维尔对马里努斯和托勒密著述的加工整理。§24. 后期学者的观点存在诸多出入，最终并未导致令人满意的解决方案。§25. 基佩特和托马舍克。§26. 李希霍芬；迄今在研究方法上的普遍错误。§27. 本书的任务。

　　§21. 在西方民族流传下来的原始资料当中，只有希腊人和罗马人的文献记载具有参考价值。从撰写方式来看，它们与中国的古籍文献具有本质上的差别。中国文献包含一系列有时毫无关联的记录，其形式像是最初实地写就的一样，而在西方的文字记载里，原始素材已经由不同学者加工整理，在整理过程中有些素材被认为是不重要的而被删略了。

　　在罗马共和国及其末代皇帝走向衰亡的那段时期里，相比亚历山大大帝治下的古希腊帝国时期，西方对中国的认识和了解并未有多大的拓展。当时的人们或许知晓有一个叫"赛里斯"（Seren）的民族，该名称与中国人对丝绸的命名（希腊人称之为"塞儿"）非常相近，并将该民族的栖息地设定在亚洲最遥远的东方。但是接下来史学家和文学家对于赛里斯人即中国人的续写，却几乎是基于想象或者误解①。之所以出现这种情况，是因为当时缺乏关于中国，尤其是关于贯通东西方的必经之地——中亚地区的可靠报道。也正因如此，古罗

---

　　① 最好参见尼森（引文出处同上，特别参阅第 9－14 页），他将古希腊人和古罗马人分散的记载汇编在一起，并出色地、批判性地借鉴了这些材料。

马地理学家、历史学家斯特拉博（Strabo，公元前 68—24 年）和蓬波尼乌斯·梅拉（Pomponius Mela，公元 40 年左右）基本上仍在重复希腊地理学家埃拉托色尼（Eratosthenes，公元前 276—前 196 年）的观点，即东方的亚洲大陆以印度、巴克特里亚（今帕米尔以西的阿富汗一带）和斯基泰为边界，从这里开始浩瀚的海洋应该环绕在我们所熟悉的地球四周[①]。

§22. 公元 100 年前后是丝绸贸易真正的鼎盛时期，这一时期才促使古代欧洲人拓展了他们在这方面的地理知识。伟大的地理学家马里努斯推出了他的内容丰富、附有多幅地图的著作《地理插画校勘》（*Berichtigung der geographischen Tafel*），此外人们还可借鉴他对于一条通向赛里斯国的贸易路线图的详细描述（约公元 100 年）[②]。马里努斯的描述基于一篇由一名叫"梅斯"的商客代理人整理出的游记，游记所包含的信息在马里努斯看来否定了之前人们认为亚洲大陆四面环海的观念，并给了他将亚洲边界大幅度向东方扩展的动因。从幸运群岛（加那利群岛）开始计算，马里努斯认为必须将地球的东部边界推移至 225°的地方[③]。石塔（位于帕米尔山区）以东和伊莫特斯山峰（喜马拉雅山脉）以北这片新开拓的地区跨越了东经 90°经线，在那里赛里斯国占据了广阔的空间，马里努斯在这块地形图上标注了大量迄今完全陌生的山脉、河流、部族和城镇的名字[④]。

19

---

① 斯特拉博，《地理学》，第 11 卷，第 516 页和第 15 卷，第 701 – 702 页；梅拉，《论世界地理》（*De situ orbis*），第 1 卷，第 2 页；第 3 卷，第 7 页。
② 托勒密，《地理学》[*Geographia*，由 C. 穆勒（C. Müller）编辑出版，巴黎，1885 年]，第 1 卷，第 11 章第 6 页。
③ 托勒密，引文出处同上，第 1 卷，第 11 章第 3 页。
④ 托勒密，引文出处同上，第 6 卷，第 15、16 章 [由维尔贝格 - 格拉斯霍夫（Wilberg-Grashoff）编辑出版，埃森，1838—1840 年]。

　　马里努斯多次对自己的著作进行修订，最后一版直到他临终前也未能完成。这一工作由天文学家和地理学家托勒密继续进行（约公元150年），也正是通过托勒密，马里努斯的名字及其著作才为后世知晓。托勒密对马里努斯的研究并无太多补充，除此之外他只是认为有必要在某些地方做一些改进。最大的变化或许是他对那幅帕米尔山区石塔以东的地形图所做的改动，也就是说他在将丝绸之路相关路线的长度缩短一半的同时，也将该地区的版图缩至东经45°的位置①。他这样做是否有充足的理由确实是一个有待思考的问题。之后托勒密添加了一些新的信息，按照他的看法，这些信息涉及一条从赛里斯国通向位于恒河河谷的华氏城（今巴特那）的道路②。托勒密记载了通往赛里斯国的商贸路线，详细报道了广阔的中亚地区③，这是我们在研究古代丝绸之路方面唯一可用的西方文献，从这一视角来看，托勒密在西方学者当中也占有重要地位。

20　　§23. 尽管对于15—17世纪的欧洲学者来说，托勒密的著述一般都是研究地理地貌的首要基础，但只有在人们通过中国历史文献和地形图的介绍、对中亚情况有了更进一步的了解之后，托勒密关于伊美昂山和伊莫特斯山峰另一侧那片广袤地区的陈述才激起了学

---

　　①　托勒密，引文出处同上，第1卷，第11章第3页；第12章第4页。

　　②　托勒密，引文出处同上，第1卷，第17章第4页。

　　③　当然，我们通过罗马帝国后期历史学家阿米亚努斯·马塞林努斯（Ammianus Marcellinus）[见《大事编年史》（Res Gestne），第23卷，第6章第60-68页] 也了解到其他发生于公元3世纪的消息。但正如人们早已认识到的那样，他所提及的名称都要追溯到托勒密的记载。他以华丽的辞藻添加的成分大多是基于虚构的描述 [参见蒙森的评论，收录于《霍姆斯：古典文献学杂志》（Hermes：Zeitschrift für Klassische Philologie），第14卷，第635页]。因此在这方面，马塞林努斯的《大事编年史》作为地理学文献完全派不上用场。

界更大的研究兴趣。正如我们所看到的，这一切发生于 18 世纪中叶。巧合且幸运的是，围绕古代欧洲人对东方丝绸之国的认识展开的初次研究，恰恰是由那位伟大的地理学家亲自完成的，他因为绘制出版了中国及其相邻地区的地图而在当时产生了划时代的影响①。我在这里所说的便是 18 世纪法国著名地图学和地理学家 J. B. 唐维尔（J. B. D'Anville）②。他的探究为许多后续研究奠定了基础，这样说不无道理。因为直到今天，唐维尔在以下方面仍是我们效仿的典范，即为了鉴别托勒密的陈述，他首先按地理分布将之与现代相关地图进行比对，并尝试使之与中国人的文献记载协调统一，同时他并不十分在意古地名与当前现有地名之间偶然的相似之处。值得强调的是，他将大部分由他鉴别的地名准确地定位在塔里木盆地。他把塔里木盆地及其继续向东延伸至中国西北边陲的广阔地区视为赛里斯国的疆域。

§24. 不久后，德金便声明反对这一观点，他认为赛里斯国仅是今天的中国而已③。从此，德金和唐维尔的不同说法便受到了许

---

① 唐维尔，《中国、中属鞑靼及西藏的新地图集》（*Nouvel Atlas de la Chine, de la Tartarie chinoise et du Thibet*），海牙，1737 年。

② 唐维尔，"古代地理和历史系列研究"（Recherches géographiques et historiques sur la Sérique des Anciens），见《法兰西文学院学术论文集》第 32 卷，1768 年，第 573－603 页。

③ 德金，"中国与西方国家的贸易往来概况"（Idée générale du commerce et des liaisons que les Chinois ont eues avec les nations occidentales），见《法兰西文学院学术论文集》，第 46 卷，1793 年，第 560 页（在 1774 年就已能读到）。在德金的《匈奴、土耳其、蒙古和其他鞑靼诸国通史》第 1 卷第 2 页绪论部分（1756 年）里，他还将塔里木盆地以东的一半面积算在赛里斯国的疆域内。

多人的或攻击或拥戴①。如果暂不考虑还有一些阐释者如 P. F. J. 戈
21 瑟兰（P. F. J. Gosselin）和维维安·德·圣马丁（Vivient de St.

① 以下学者将赛里斯国主要与塔里木盆地（中属鞑靼和新疆）等量齐观。见如 J. 哈格（J. Hager），《中国古币学》（*Numismatique chinoise*），巴黎，1805 年，第 137 页；西尔万·德·萨西（Sylvain de Sacy），《百科全书杂志》（*Magasin encyclopédique*），第 3 期，1805 年 6 月，第 304 页。李特尔，《亚洲地理》，第 7 卷，柏林，1837 年，第 559 页；A. 康林罕（A. Cunningham），《亚洲学报》（孟加拉社会版），第 16 卷，1847 年，第 989 页；Ch. 拉森（Ch. Lassen），《印度古代文化研究》（*Indische Altertumskunde*）第 2 版，柏林，1874 年，第 540 页；李希霍芬，《中国》，第 1 卷，柏林，1877 年，第 479 页；同时参见《柏林地理学会研讨》，1877 年，第 118 页；德·兰斯和格瑞纳，《亚洲高地科学考察报告（1890—1895 年）》，第 2 卷，1898 年，第 27 - 29 页。

除德金（见前页脚注3）之外，声称赛里斯国为中国北部地区的学者还有：雷诺，"公元 5 世纪罗马帝国与东亚的政治及商贸关系"（Relations politiques et commerciales de l'empire Roman avec l'Asie Orientale），见《亚洲学报》，第 1 卷，第 6 期，1863 年，第 335 页；H. 基佩特（H. Kiepert），《古代地图集》第 1 幅（*Atlas Antiquus*, Tab. I）（比例尺为 1：45 000 000），柏林，1861—1863 年；《古代地理教科书》（*Lehrbuch der alten Geogr.*），柏林，1878 年，第 44 页；西格林，《古代地图集》第 2 幅（比例尺为 1：40 000 000），哥达，1894 年。

倾向于认为赛里斯国是中国西部地区的学者有：P. 维尔达·德·拉·白兰士（P. Vidal de la Blache），"托勒密（地理学）里的贸易路线"（Les voies de commerce dans la géographie de Ptolémée），见《法兰西文学院学术论文集》或《法兰西科学院周刊》（*CR*），1896 年，巴黎，第 480 页。

其他对古希腊–罗马文献记载进行加工整理的学者，不但把中国，而且将直至西伯利亚的蒙古大部归入赛里斯国的版图。这些学者包括：K. 曼纳特（K. Mannert），《希腊人和罗马人的地理学》（*Geogr. Der Griechen und Römer*），第 4 卷，纽伦堡，1795 年，第 500 页。Th. W. 金斯密尔（Th. W. Kingsmill），"托勒密笔下的赛里斯及其居民"（The Sêrica of Ptolemy and its Inhabitans），见《皇家亚洲学会会刊》（中国卷），第 2 期，1886 年，第 44 - 60 页；"古代西藏及其临街人"（Ancient Tibet and its frontagers），《皇家亚洲学会会刊》，第 38 卷，1906 年，第 21 - 54 页。E. 杰里尼（E. Gerini），"印度支那早期地理学"（Early geography of Indo-China），见《皇家亚洲学会会刊》，1897 年，第 557 - 559 页。E.F. 贝利乌（E. F. Berlioux），"欧洲人在中亚和赛里斯国的首次旅行"（Les premiers voyages des Européens dans l'Asie Centrale et au pays des Sères），见《里昂地理学会通报》（*Bull. de la Société de géographie de Lyon*），第 15 卷，1898 年，第 5 - 80 页。

Martin)①，他们赞成将赛里斯国等同于克什米尔地区。但是这场论争并未导致一种最终的解决方案。托勒密在塔里木盆地地形图上对当地河流和山脉所做的标注说明，支持了唐维尔认为赛里斯国主要包括塔里木盆地的观点。与此相反，在塔里木盆地以西直至伊美昂山，也就是差不多帕米尔山脉的地方，还应当延伸着一片广阔的地区，即意貌山以东的外斯基泰，这一事实又无法与唐维尔的上述观点协调一致。就欧洲古代文献所载名称的意义而言，学者们的观点也存在较大分歧。较为知名的作者几乎只在一个问题上取得了一致意见，那就是赛里斯国的都城赛拉与中国古代都城长安是同一个地方。除此之外人们从不同角度解读古代地图，尽管只是有选择性地鉴别了托勒密所提及的一些地名，却往往得出各种各样的结果。在此之前，人们很少以这种各自为战的方式探讨某一相近的题材，很少以种种猜测为基础，不由自主地做出令人难以置信的恣意推断。在这一研究领域中最为过分的是那些作者——他们事先并未仔细研读有关文献，因而选择了一种　22
不太严谨、缺乏条理的研究方法②。可若是有人从批判性的尝试出发

---

①　戈瑟兰，《古代系统和实证地理学研究》(*Recherches sur la géographie systématique et positive des Anciens*)，第 4 卷，巴黎，1873 年，第 247－288 页。圣马丁，"印度：希腊语和拉丁语地理文献，特别是托勒密笔下的印度与梵语地理文献的关系研究"(Etude sur la géographie grecque et latine de l'Inde, et en particulier sur l'Inde de Ptolémée, dans ses rapports avec la géographie sanscrite)（与他人合著），见《法兰西文学院学术论文集》，第 1 辑，第 6 卷，巴黎，1860 年，第 258－286 页。

②　他们是前文已经提到的著者金斯密尔（1886 年和 1906 年）、杰里尼（1897 年）和贝利乌（1898 年）。其对中亚地区古代情况的无知最明显地表现在以下方面：他们只将少量托勒密提及的地名定位在塔里木盆地，而把其他地名安插在塔里木盆地以北和以南的地区，那些地区因与外界隔绝的地理位置，肯定不为拥有高度文明的民族所熟知。例如，金斯密尔将许多地名固定在遥远的阿尔泰山脉，贝利乌甚至把它们放到更远的、几乎接近伊尔库茨克的地方，而杰里尼则基于一种完全不讲学术方法的简化过程，意欲把道路和城镇确定在西藏最偏远的地区。

而得出了令人信服的结果，此类毫无学术价值的研究论著大概就不会产生了。

§25. 因此我们在这里只需选取那些对后世的参考文献能够起到一定影响的研究成果，这样的成果出自海因里希·基佩特（Heinrich Kiepert，1861 年或 1875 年）[①] 和威廉·托马舍克（Wilhelm Tomaschek，1888 年）[②]，但首推李希霍芬男爵所做的详尽研究（1877 年）[③]。

基佩特的研究处处显示出极大的谨慎。他绘制的地图表明，当时商客们所选择的贸易路线据说是从锡尔河河谷开始沿天山南麓延伸，然后从喀喇沙尔绿洲直接通向中国西北边境的安西州，之后继续通往

[①] 基佩特，引文出处同上，特别参见第 44 – 46 页。他的研究成果由 G. 格兰（G. Gerland）在其绘制的"公元 100—150 年亚洲各民族状况略图"（Ungefähres Bild der Völkerverhältnisse Asiens um 100 –150 n. Chr.，比例尺为 1 : 60 000 000）中采用［见贝格豪斯（Berghaus）编撰的《物理地图集》（*Physik. Atlas*），第 7 幅，编号 15，哥达，1892 年］。西格林的《古代地图集》（引文出处同上）也是在参考基佩特和李希霍芬的成果基础上绘制完成的。

[②] 托马舍克，"对斯基泰北部最早报道的评论之一——论阿里斯特亚斯的阿里玛培人诗歌"（Kritik der ältesten Nachrichten über den skythischen Norden；1. Über das Arimaspische Gedicht des Aristeas），见《维也纳皇家科学院会议报告》，1888 年，第 116 期，第 736 – 738 页。类似的还可参见《保利-维索瓦古典学百科全书》（*Pauly-Wissowa，Realencyklopädie der klass. Altertumswissenschaften*），斯图加特，第 1894 – 1896 页。H. 舒尔茨（H. Schurtz）在赫尔默特编著的《世界史》（*Weltgeschichte*）（第 2 卷，莱比锡，1902 年，第 143 页）中的描述也是基于托马舍克的研究成果。

[③] 李希霍芬，《中国》，第 1 卷，第 474 –494 页。同时可参见《柏林地理学会研讨》，1877 年，第 111 – 119 页。他的论述在以下著述中被采用得最多：G. 魏格纳（G. Wegener），"揭秘西藏最不为人知的地区和西藏中轴线"（Die Entschleierung der unbekanntesten Teile von Tibet und die tibetische Zentralkette），收录于《F. v. 李希霍芬纪念文集》（*Festschrift für F. v. Richthofen*），柏林，1893 年，第 390 – 392 页；J. 哈尔贝格（J. Hallberg），《13、14 和 15 世纪西方文学及制图学中的远东》（*L'Extrême Orient dans la littérature et la cartographie de l'Occident des XIIIe，XIVe et XVe siècles*），哥德堡，1906 年，书中多处引用了李希霍芬的论述；斯坦因，《古代和田》，第 1 卷，牛津，1907 年，第 50、53 –55 页。

古都长安。在此基佩特尽可能精确地依循托勒密对不同地点之间相互位置关系所做的描述。对于众多在托勒密看来应当位于远离那条假定的丝绸之路的地方，基佩特无法对它们的名字做出解释。他认为那些地名仅仅基于叙述者和报道人不确定的考察，如果它们完全偏离中国文献中的专有名词汇编，人们依托它们便不可能对丝路沿线地区做出任何鉴别。

与基佩特不同的是，托马舍克在这方面提出了相对宽泛的看法。他也从地理学的观察角度出发，使一系列在托勒密看来很容易由一条线路连接起来的地名（但是这条线路和基佩特假定的交通线在一定程度上具有不同的走向），成为那条丝绸之路沿线的驿站，它们沿整个天山南麓延伸开来，继续越过哈密通往中国的西北地区。可是托马舍克是通过词源学途径来严格确定这些地名的，在这方面他明显超越了允许的限度。他将某个地名追溯到伊朗语，而将另一个地名追溯到土耳其语，甚至把一些地名归结为藏语形式，他这样做似乎是想为那些地方保留适宜的特征，然后再把托勒密提及的名称移用到那些地方①。

§26. 李希霍芬也在先前提及的著述中探讨了同一题材。相比所有其他著者，他对托勒密记载的地理数据的意义有更为深刻的理解，因而能够更加准确和清晰地为自己的研究结论说明理由。他不无道理

———————

① 在此仅举两例加以说明。托马舍克（引文出处同上，第 743 页）将"塔古里"（Thaguri）解释为生活在 Ta-ho（大河）流域的居民，但是他丝毫未加证实，这条没有名气的河流在历史上曾叫作 Ta-ho，而居住在沿河流域的凉州民众在他看来即为塔古里人。托马舍克对"皮亚尔达"（Pialda）（引文出处同上，第 741 页）这个名字的解释最为离奇，为了符合托勒密地图上的地名分布而把它等同于"喀喇沙尔"，托马舍克把这个名字追溯到藏语形式（"phyal"意为腹部、空腔），把它解释为"位于低洼处"，仅仅是因为这样的表达多多少少符合喀喇沙尔的地势，"皮亚尔达"这个名字应该就是这样产生的！

地指出，在运用词源学方法考证地名时人们必须格外慎重，相反，人们须更多地从中国文献关于古代交通状况的记载中寻求依据。在对"赛里斯"这一名称的考辨方面他赞同唐维尔的观点。但是在以下方面他与唐维尔以及所有其他解释者意见相左，即他将托勒密提及的大部分地名都定位在塔里木盆地南道沿线，因为他自认为借助中国文献的记载证明了当时丝绸之路南道是唯一常用的贸易通道，而在今天取而代之的则是北道。最后他将自己对于赛里斯国地理情况的看法归纳如下："托勒密了解到，伊美昂山以东（从石塔向东偏移5°）和赛里斯国所辖伊莫特斯山峰以北地区，皆分布在那条开阔的通往中国的商道沿线，他的这一认识虽说肤浅，却并非完全错误。可是他对博提索斯江（雅鲁藏布江上游）以北的西藏高原却一无所知，对荒漠商路北面诸国也只能给出非常模糊的信息，甚至无法将它们大致地标注在地图上。托勒密对于东方的了解止于中国都城长安，那是他从陆上丝绸之路所听闻的这一东方大帝国唯一的地方。"①

李希霍芬不得不自己承认，尽管他在这方面做了深入细致的研究，但仍未解决该领域的疑难问题②。那种奇特的事实该怎样得到解释呢？阿尔弗雷德·冯·古奇米德（Alfred v. Gutschmid）就曾指出李希霍芬在研究方法上的一个严重错误③。他认为李希霍芬在考量托勒密所绘地图时是从这一观点出发的，即托勒密这位希腊地理学家在东、北两个方向上偏离伊美昂山和伊莫特斯山峰越远，他对于东方的

---

① 见《中国》，第 1 卷，第 493 页。
② 引文出处同上，第 479 页。
③ 古奇米德，"评析李希霍芬的著作《中国》"（Über Richthofens China），见《德国东方学会杂志》（Zeitschr der Deutschen Morgenländischen Gesellschaft），第 34 卷，1880 年，第 206 页；同时参见《论文集》（Dsgl Kleine Schriften），第 3 卷，莱比锡，1892 年，第 595 页。

想象就愈发模糊，他关于河流、山脉和城镇的推论也就显得愈加冒失；李希霍芬的这一见解在鉴别地名方面起着决定性作用。与此相对，古奇米德向人们指出了这一事实，那就是当时商人们的游记和报道充当了绘制地图的参考资料，他们的整个旅途直达最遥远的东方，而就像有关伊美昂山和伊莫特斯山峰的记载一样，对于那些地区也必须有大致可靠的文字说明。

　　此外，人们从研究方法上还可以提出另一种异议。李希霍芬没有注意到，他所研究的托勒密地图其实是一幅严重走样的马里努斯所绘地图的复制样本，因为复制图的尺寸和图上标注的丝绸之路主要路线的长度都已被缩至原图的一半，李希霍芬在他的描述中对此只字未提①。更确切地说，马里努斯在这里几乎隐身幕后，让人觉得仿佛托勒密参照的不是马里努斯绘制的地图，而是商人们的旅行信息。然而事实上，托勒密从未见过作为主要参考资料的商人梅斯的那篇游记，而只是知道些马里努斯对它的评论。托勒密对马里努斯绘制的地图进行了很大改动，使得它只保留了原图一半的尺寸，他这样做是毋庸置疑的和合情合理的吗？至少人们应当首先探究一番，看他为此摆出的理由②是否令人信服。假若真是这种情况，那么托勒密和马里努斯的地图就不会有这么多相似之处了。因为如前所述，托勒密把从马里努斯尚不知道的文献中所获取的新地名插入地图中，除此之外他只是缩短了从西向东但并未同时缩短由北至南的路线。这样一来便很难不出

25

---

　　① 尤其参见《柏林地理学会研讨》，1877 年，第 111 页。该页呈现的不是马里努斯以制图的形式描绘了他对赛里斯国的考察结果，而是他"以一种烦冗的描述"记录下自己的考察结果。我们只是通过托勒密出于校勘之目的从马里努斯的描述中得出的推断而零星地知道些这方面的情况。托勒密要具体针对什么进行校勘，对此李希霍芬并未做出说明。

　　② 托勒密，《地理学》，第 1 卷，第 11 章第 3 - 7、12 页。

现恣意挪动其他地名的可能性。因此我觉得值得推荐的做法是，人们应同时尝试恢复马里努斯地图的原貌，毕竟这才是一切研究的关键所在。

　　如果考虑到所有上述情况，人们就会从托勒密这位希腊学者提供的各项地理信息中获得另一种印象，即它与人们此前已有的大不相同。不仅仅是李希霍芬，其他解释者也都忽略了研究过程中的方法要点。其原因可能在于，他们尚不清楚在涉及相关信息时，马里努斯和托勒密彼此之间到底是怎样的关系。从 1893 年开始，借助于 H. 贝格尔（H. Berger）推出的杰作《希腊人的地理学史》（*Die Geschichte der wissenschaftlichen Erdkunde der Griechen*），我们对这方面才有了更为详尽的了解。

　　§27. 前文所提的要求应当在本书中得以实现。首要任务之一便是恢复马里努斯所绘有关地图的原貌。这样的复原图将为鉴别地名奠定基础。首先就地名而言，人们应当基于制图学方法来确定它们，据我所知这种方法迄今对于相关主题研究来说，几乎没有得到应用。也就是说我们首先要研究的是哪些地名指涉同一条交通线路。在此过程中我们必须不断核实，托勒密在各个细节上对马里努斯表现出何种态度，他对那篇游记做何评价，那篇游记的大致内容应该是怎样的。因此我们的探究同时应当是一种严格的语言学研究。山脉、河流、部族等的名称皆应以此为基础加以确定，且当然主要须依循其地理分布情况，而语言学论证则应当暂且退居幕后。所有的细节都要与汉代编年史中的有关记载进行比对。如若按照上述方法进行研究，最后回答"如何鉴别与丝绸之路相关的所有国名和地名"这样的问题，便不再是一件难事了。

　　依据这一研究方法，我们不仅应当仔细研究所有关于意貌山以东的外斯基泰和赛里斯国①的信息，也应详细考察有关塞克王国②的所有陈述，截至目前人们尚未单独整理加工这方面的文献资料。但是这样的工作在此不可或缺，因为大多数有关塞克王国的文字记载皆来源于前面提到的同一批商人，这里有他们在巴克特拉和赛里斯国之间最重要的休息站之一——石塔。

事实上我们要研究的是这样一片地区，它以巴克特拉为起点，主要包括帕米尔山脉、蒙古和中国的西北地区，总的来说它覆盖了托勒密所熟知的中亚地区。

---

① 托勒密，引文出处同上，第 6 卷，第 15、16 章。
② 托勒密，引文出处同上，第 6 卷，第 13 章。

第一部分

中文文献

第一章　综述

　　§28. 如果说司马迁的伟大著作《史记》撰写了上至上古传说中的黄帝时代、下至当时汉武帝统治时期三千多年的中国历史，那么随后推出的汉代编年史则正式开启了"二十四史"这一中国历史长河近五千年的长篇史卷。二十四史中除《史记》外均属断代史体例，也就是每一部史书以朝代为断限，单独记述某一个朝代的史实。在希尔特①看来，所谓的"每日记录"构成了编撰历代编年史的原始素材，这些记录由各个朝代不同的宫廷编年史作者加以整理。皇帝及其文武百官皆无权查阅这些编年体史事记载。只有在某一个王朝垮台之后，这些记载才被汇编成书而面世，并且是由下一个朝代的宫廷史官来完成的。

　　历朝史官本着细致入微的态度对那些素材进行初次整理汇编，而人们一般也可在后期的点校本里觉察到同样的一丝不苟。仅仅是出于

---

　　① 希尔特，《中国和罗马人的东方》，莱比锡和慕尼黑，1885 年，第 1 - 2 页。还可参见他的论文"中国编年史作为研究亚洲各民族历史的参考资料"，见《中国研究》，第 1 卷，慕尼黑和莱比锡，1890 年，第 68 - 75 页。

对这些被认可为经典作品的敬畏，后世便不敢对典籍文本进行任何改动①。这是中国文献相比希腊和罗马文献所拥有的一个极大的优点。

§29. 人们在两汉时期编年史的结尾部分可以看到对外邦和异族的记述，这些描述经归纳概括，被统一编入《西域传》（意即"关于西方诸国的记载"）里。我们稍后会认识到，两汉时期的地理概念"西域诸国"仅仅与新疆地区重合。对其余外邦国家的描述只在合适的相关文段里被补充插入。

正如所有中国历史文献中一以贯之的叙事风格，在两汉时期编年史里占主导地位的也是枯燥乏味的艺术表现形式。史料素材虽然在结构上条理清晰，但被不加任何修饰地编排在一起，人们也从未尝试对原始材料进行加工处理。因此人们可以说，中国古代各原始文献不仅在内容上，甚至在形式上也被完整地保留了下来。

汉代编年史仅是作为这样的原始文献就已显得弥足珍贵。这样的文献几乎不曾收录未知或是不确定的信息。对历史事件的描述不含任何立场倾向和主观渲染。文献中的统计资料都是经仔细估算后得出的结果。和其他中国古代文献中一样，数字和尺寸在汉代编年史里也扮演着重要角色。因此，这一在细节上尚未得到足够重视的地理描述维度在此应当引起我们特别的关注。

§30. 这样做在鉴别地理名称方面显得尤为必要。因为若是倾向于语言学方法，则地名无法向我们提供可靠的依据。诸多不同因素都对此负有责任。

首先需要注意的是，译文对地名所做的音译处理只是再现了今天

---

① 这一点由希尔特（参见《中国和罗马人的东方》，第 8—9 页）通过那段文字得到了详细的证实，该文段出自《后汉书》，主要是对大秦国（叙利亚）所做的描述。

在中国占主流的发音方式，但并非汉代时期的古汉语发音。然而时至今日，古汉语发音主要在中国南方所谓的粤语中得到了保留，但这种广东方言迄今却很少被汉学家研究。因此我们暂时只知道数量非常有限的一些古地名的正确发音，例如奄蔡（现代汉语发音 Yen-ts'ai，古汉语发音 An-ts'ai①）、安息（现代汉语发音 An-si，古汉语发音 An-sak②）、者舌（现代汉语发音 Kien-sche，古汉语发音 Kamsche③），等等。据此我们可以预期，其他许多地名在某个音节上的发音都会出现与译文里的注音有并非微不足道的偏差。

因此清楚的一点是，在对分别出自中国古代文献和来源于异族语言的两个地理名称进行鉴别时，我们只有在经由地理学途径很可能已经确定了它们的同一性之后，才能再根据它们发音的相似性从词源学角度认为它们指涉同一个地方。正是因为迄今语言学探究范式并不总是满足了上述先决条件，人们才很容易被诱使恣意做出各种推断④。

然后还有以下情况需要考虑。只在极少数情况下我们可以假设，用来标记同一个地方的名称从古代一直沿用至今。有时也可能发生这种情况，即两汉时期中国人赋予了一个地方新的名字，而该地方在当

29

---

① 希尔特，"论伏尔加匈人和匈奴"，见《巴伐利亚皇家科学院哲学–语言学和历史学类会议报告》，慕尼黑，1899 年，第 2 期，第 249、251 页。

② 希尔特，"公元初年叙利亚与中国的关系"，见 R. 奥伯胡默和 H. 齐默勒《穿越叙利亚和小亚细亚》，柏林，1899 年，第 438 页注释 1。

③ 施莱格尔转引自 J. 马迦特《莫西斯·索伦纳齐神父地理学视角下的萨珊王朝》，柏林，1901 年，第 203 页。

④ 主要参见金斯密尔的研究，例如，他将康居国（K'ang-kü）的国名与卡拉库尔湖（Karakul，位于帕米尔山脉的著名湖泊）混为一谈（见《皇家亚洲学会会刊》，第 14 卷，1882 年，第 80 页注释 1）。

地方言里的发音听起来却大不一样①。

　　在希腊人和罗马人记载的可被考虑的地名当中，我们当然只能对那些位于西亚范围内的地名进行比较。在此我们要预料到以下可能性的存在，即一些以中国文献资料为依据而确定的地名对于古希腊或者古罗马文献记载而言可能是完全陌生的，因为欧洲古代文献对同一个地方使用了不同的命名方式。

　　暂且不论古汉语发音在今天的音标书写中并未得到准确的再现，可若是地理名称之间真的存在词源学关系，那么我们就不得不考虑地名在发音上的个别差异。因为众所周知，无论是希腊人、罗马人还是中国人，他们都把大多以伊朗语即波斯语命名的西亚地名，转换成在他们各自语言中最常用的发音形式。在这方面做得尤为突出的当属中国人，汉语相对贫乏的语音和语音组合迫使他们这样去做②。能否从
30　汉语的语音转写中大体上重新复原异域民族常用的名称，这一点暂不确定。但仅是以下认识就已显得非常重要了，即我们在这种情况下经常可以把在汉语中出现的起始音 l 或者尾音 n、t 和 k 追溯为 r 音，因为 r 音在古汉语里是不曾有的，这使得人们必须以其他相近的语音取而代之③。

---

①　比如汉代编年史将吐鲁番附近的古城称作"交河"（Kiau-ho），汉语"交河"按其字面意为"河流交汇处"（见《英国和爱尔兰皇家人类学研究所杂志》，1882 年，第 105 页；《通报，或关于东亚历史、语言、地理和民族学的档案》，1907 年，第 157、210 - 211 页）。

②　这方面最著名的例子便是 Chotan 所对应的汉语名称"于阗"（Yü-t'ien）。"于阗"这个名字时而令人回想起软玉（Yü）主要产地所在的城市，时而又凸显出它对于汉语常用的语音组合 ien 的模仿。

③　希尔特，"论伏尔加匈人和匈奴"，见《巴伐利亚皇家科学院哲学-语言学和历史学类会议报告》，慕尼黑，1899 年，第 2 期，第 251 页；"公元初年叙利亚与中国的关系"，见奥伯胡默和齐默勒《穿越叙利亚和小亚细亚》，柏林，1899 年，第 438 页注释 1。

第二章 司马迁的《史记》

§ 31. 西汉伟大的宫廷史学家司马迁（卒于公元前 85 年）被雷慕沙誉为"中国的希罗多德"。他在自己的历史著作《史记》第一百二十三卷里描述了西域诸国的风土人情[①]。该篇涉及的是公元前 140 年至前 91 年之间的那段时期。根据章节标题（"史记·大宛列传"），司马迁在这一卷里记述的主要是关于大宛国（今费尔干纳）的信息。但也有很大一部分篇幅是用来描述其他民族及其与中国的关系的。

§ 32. 我们在这里只对旅行家张骞的记录感兴趣，通过他的记载

[①] 沙畹以高超的技艺开启了翻译整部《史记》的篇章（《司马迁〈史记〉》，*Les mémoires historiques de Se-ma Ts'ien*），巴黎，1895—1897 年），遗憾的是沙畹生前并未将整部作品译出，其中也包括第一百二十三卷。布罗塞的翻译"《史记·大宛列传》"（Relations du pays de Ta Ouan），见《亚洲学报》，第 2 卷，1828 年，第 418–450 页）并非通篇都让人可信；相比之下，金斯密尔的翻译"公元前 2 世纪中国与西域及其邻国的交往"（The intercourse of China with Eastern Turkestan and the adjacent countries in the second century B. C.，见《皇家亚洲学会会刊》，第 14 卷，1882 年，第 74–104 页），就更不值得信赖了。因此我大多引用的是布罗塞的翻译，但有时也会援引伟烈亚力的译文，因为由他翻译的《汉书》第七十卷（见后页关于伟烈亚力的注释）在一定程度上可被视为司马迁《史记》第一百二十三卷的摘录部分。还须注意的是，布罗塞所译所有事件的发生时间都比原作中的提前了一年。

中国人第一次了解了西方的广阔世界（公元前 126 年）。鉴于司马迁的《史记》被看作由不同出处的资料汇编而成的，故而张骞的记录肯定也在《史记》里被逐词逐句地加以复述。这一点从史学家司马迁自己的话语中直接表现了出来①："除了他（张骞）亲自到访的国家如大宛、大月氏、大夏和康居之外，他还通过调查得知，在那些地区还存在其他五六个王国。后来他将以下报告面呈天子（皇帝）。"司马迁在《史记》里依次对这些国家进行了描述，并且不仅是已经提到的那四个国家，还包括张骞当时没有到访过的"其他五六个王国"，它们是乌孙（巴尔喀什湖以南和伊犁河流域）、奄蔡（里海、咸海以北）、安息（即波斯，今伊朗）、犁轩（附属大秦的埃及亚历山大城）、条支（又称大食，今伊拉克一带）和身毒（印度）。张骞的书面报告并未流传后世，由此可见，司马迁的记述像是对张骞报告的逐字抄录。

《史记·大宛列传》里的描述主要涉及帕米尔山口另一侧（从中国人的视角来看）的广袤地区，而事实上旅行家张骞在多大程度上拓展了中国人对西方的认识和了解，这一点我们只能稍后再加探究。就帕米尔高原以东（主要是塔里木盆地）的异域地区而言，张骞只留下很少的文字材料。他在这方面的记述是一些关于水文地质的普遍情况，关于于阗国（今和田）、汗弥国②、楼兰国和姑师国，以及关于匈奴势力范围扩张情况的简要评论，以上信息或许都是张骞在被匈

---

①　见《亚洲学报》，第 2 卷，1828 年，第 422 – 424 页。

②　布罗塞对于"于阗国"和"汗弥国"采用的拼写 Yu-tschi 和 Han-so 是不正确的，因为后来金斯密尔（引文出处见《皇家亚洲学会会刊》，第 14 卷，1882 年，第 104 页）的译文中已经包含了我们在德语里习惯见到的"于阗国"和"汗弥国"的拼写方式，即 Yü-tʻien 和 Han-mi。

奴囚禁的十年间从匈奴人那儿了解到的。

　　对我们来说更有价值的是关于帕米尔山口另一侧（以西）诸国的不同记述。从张骞的记述中我们得知：一个国家与其周边邻国的空间关系是怎样的，该国主要出产哪些物品，该国人民的生活方式是以游牧为主还是以定居为主，以及主要的从业领域有哪些，该国民众对于通商持何种态度。对我们来说尤其重要的是，张骞在报告中每提及一个国家都会补充说明它与相邻地区之间的距离，并以整数和中国市制长度单位"里"加以标识。至于怎样理解这些距离参数，我们接下来将在研究汉代编年史时进行介绍。

第三章　西汉编年史《汉书》

§33. 综述。§34. 第九十六卷《西域传》序言部分及该卷内容简介。§35—38. 地理数据统计情况总览；地理信息的来源及其初次编撰；中国古代官员和旅人对这些地理信息的使用；相关地理信息在编年史里的收录情况。§39—42. 距离参数；长度单位"里"、原始距离参数、经换算而得出的距离参数以及在换算过程中经常出现的错误；这些错误的始作俑者。

　　§33. 西汉王朝始于公元前 206 年，终于公元 24 年，西汉编年史《汉书》第九十六卷向我们呈现了大量的地理资料①。从卷目标题《西域传》可知，该卷主要描述了西域诸国的有关情况。整部编年史《汉书》由东汉时期史学家班固（东汉名将班超的哥哥）最终于公元 90 年前后编撰完成。

　　§34.《汉书》第九十六卷里的描写素材不像司马迁的《史记》那样按年代顺序排列，而是以地域特征为着眼点编排的，仅是这一点就让人觉得该卷更应属于地理文献范畴。历史资料皆被有机融入对相

---

　　① 伟烈亚力，"《西域传》"（译自《汉书》第九十六卷，Notes on the Western Regions. Translated from the *Tsëën Han Shoo*, Book 96），见《英国和爱尔兰皇家人类学研究所杂志》，1881 年，第 20 - 73 页；译文续篇出处同上，1882 年，第 83 - 115 页。该杂志 1881 年第 1 期里还刊载了西汉将领陈汤和张骞的传记节选，分别译自《汉书》第六十一卷和第七十卷。

关国家的描述之中。

该篇以概述西域国家的地理情况为导入。序言部分提纲挈领，使我们熟悉了该地区国家的地理位置和疆域面积，了解了环绕这些国家的山脉，知晓了塔里木河的流向及其内陆湖的位置和大小。紧接着的部分又描述了该地区主要交通线路的走向及其向西方的延伸，其间不断穿插着对沿线居民的评论。在这之后才是介绍相关国家的历史，或者更确切地说是中国人在当地影响力日益扩大的历史，即便在这方面行文也仅限于最基本的信息。这样一来，我们在序言部分里就已通晓了有关西域地区最重要的实际情况。

对各个国家的描述构成了该卷的重点，这些国家中既有西域地区面积狭小的绿洲国家，也包括帕米尔山口以西面积辽阔的外邦国家。这部分文本按顺序列举了这些国家，仿佛人们以此通过一次漫长的徒步旅行、穿过这整个在当时已为人们所熟知的西域地区便能抵达那里。这样的徒步旅行将会按如下方式进行：人们从中国西北边境出发，首先穿越沿昆仑山北麓延伸的绿洲王国；接着人们翻越位于西南方向的海拔较高的山口，向下行至印度河河谷，从那里向西显然穿过喀布尔河谷，再继续向北到达阿姆河和锡尔河流域地区；人们将经由一处帕米尔高原上的北向山口踏上归途，这样便可以从那里抵达天山南麓的绿洲，最终甚至抵达天山北麓和东麓的一系列绿洲。那些国家就在离这条漫漫长途不远处的地方，对它们的描述被插入文本的适当位置。

将所有这些信息与前文提到的张骞的报道做一番比较便可发现，自张骞"凿空"（即出使）西域（公元前139—前127年）以来，中国人对于西方的地理知识得到了极大的丰富。暂不考虑他们从此对张骞到访和描述过的国家（它们几乎都位于帕米尔山口的另一侧）做了更为全面详细的考察，现在他们对几乎整个西域地区都有了深入细致的了解，也包括天山以东的广阔地区。此外，他们现在还认识到，要想到达锡尔河、阿姆河和印度河平原就必须穿过众多山区。就这些山区和相邻地区而言，相比张骞的记述，《汉书》里又增列了另外两个国家，即罽宾国和乌弋山离国。但是对于张骞出使西域所到达的最远的地区如条支、犁靬和奄蔡国，《汉书》里几乎未能补充任何新的信息，更不用说对于比那些地区更远的国家的记载了。

宫廷编年史作者班固自己在该卷结尾处说到，他在编撰过程中援引了当时汉朝对外政策的一些重要事实，以显示中国作为文明大国在汉朝历代皇帝的统治之下相比外邦民族的无比优越性。

§35. 在这里我们要对《汉书》第九十六卷里记载的地理数据统计情况做更进一步研究，这些地理信息涉及序言部分对西域国家的综述以及主体部分对每一个国家的描述，因而构成了第九十六卷《西域传》的基础。它们依循一种详尽的描述模式被加以记录。每提到一个国家便会紧接着给出其都城的名称，然后是家庭和人口数量，其中又包括可服兵役的男子数量。如果是臣服于汉朝的国家，往往还要罗列下至译员上至王侯的不同官职，他们皆"执掌官印，身着汉服"，这是作为受汉室皇帝任命的标志[1]。之后的文本经常是对该国家特征和民众生活方式的描述，其描写风格与张骞的记述形式如出一辙。

尤为重要的是对相隔距离的说明，在描述一个国家时这样的距离参数通常会以三种形式呈现：其中一种形式以中国古代都城长安（今西安府）为测量终点；另一种以西域都护府（汉代西域地方最高

---

[1] 见《英国和爱尔兰皇家人类学研究所杂志》，1882年，第113页。

长官都护①的官邸）所在地乌垒城（今新疆轮台县境内）为测量终点；以该国家与邻近的某一或者多个其他国家之间的距离则属于第三种形式。后两种形式又增添了对各自所在方位的补充说明，在标示方位时仅使用八个主要方向，即东、西、南、北、东南、东北、西南、西北。人们早已认识到，在确定起点或者终点时每次都要考虑相关国家的都城所在的位置，认识到距离本身不是指直线距离，而是在实际走过的道路上测定的。倘若将各个国家都城的名字与它们彼此之间的距离和方位组合起来，我们将会得到一幅略有瑕疵的交通路线图，它向我们展示的正是前文所述的穿越西域地区的漫漫长途。

§36. 此时人们很容易想到一个问题，即这些地理统计数据可能是如何产生的。据我所知，希尔特是唯一进一步研究这个问题的学者②。经研究他提出这样的观点是，总的说来，中国古代编年史相关章节里的论述方式与某一种规则有关，就仿佛外国使节在觐见汉朝皇帝时必须通过以一种固定模式进行的盘问考核，也就是说他们必须借助两三名译员回答特定的提问。通过这种方式便产生了一系列的问答纪要，它们被收集在宫廷的"每日记录"中，直到最后与其他记载，尤其是中国赴外邦使节（如张骞）的卷宗，一起被汇编成完整的《西域传》。 35

按照希尔特的阐述，我们必须设想以上地理资料来自各种各样的出处，且它们在相互关系上必定是极不对等的。但是《汉书》的艺

---

① 沙畹的译名 Protecteur général（见《通报，或关于东亚历史、语言、地理和民族学的档案》，1907 年，第 153 页注释 2）最为准确地再现了中国古代官衔名称"都护"；伟烈亚力将"都护"译为 Governor general。

② 希尔特，《中国和罗马人的东方》，第 10 – 12 页；同时参见《中国研究》，第 1 卷，第 72 – 73 页。

术表现方式却与我们的看法完全相悖。首先需要提醒人们注意的是，所有不同地方之间的距离都是以中国的道路工程计量单位表达的，而可以肯定的是，外国使节在他们的陈述里并未使用市制长度单位。从对各色人等的盘问中生成了问答纪要，但问题的关键是怎么可能从那些记录里产生出像《西域传》那样标准基本统一的文本呢？在这里面道路沿线几乎所有重要的驿站悉数在列。恰恰是这些事实可能排除了我们的一切疑虑，使我们相信大多数记录都是中国人在游历外邦国家途中写下的，那些记载皆基于他们自己的所见所闻。很明显，当时朝廷委派了一些特使去完成这样的任务，他们或许依次探访了前人记载里列举的各个驿站。通过此类活动，名字不为我们熟知的中国人做出了最大的功绩，那就是他们获取了对于塔里木盆地及其以西诸国的古代地理知识。毫无疑问，《西域传》综述部分结尾处的文字①指涉的正是这一壮举："自宣（汉宣帝刘询，公元前 73—前 49 年在位）、元（汉元帝刘奭，公元前 48—前 33 年在位）后，单于（匈奴首领）称藩臣，西域服从。其土地山川、王侯户数、道里远近，翔实矣。"

上述文字也让我们认识到，最早关于西域的记载肯定是出自那一段时期。假设早期相关记载源于约公元前 30 年，我们认为这或许是最准确的估算吧。这一认识对于理解帕米尔山口另一侧国家的地理信息而言将尤为重要。

§37. 此外我们也清楚了，当时人们是出于何种目的写下那些记录的。中国人于公元前 30 年前后最终使西域诸国成为西汉的藩属国，将西域地区纳入自己的版图，从此他们便有必要编制一份关于各藩属国及其居民的详细目录。根据这一目录清单，中国官员便可确认每个

---

① 见《英国和爱尔兰皇家人类学研究所杂志》，1881 年，第 23 页。

国家应缴多少的赋税①，也能查证可服兵役的男子的数量。这份官方目录尤其应当服务于商业利益，否则便无从理解为何它要以路线图的形式被编制，为何它要提及各异域民族重要的贸易产品了。《西域传》并不仅局限于真正意义上的西域诸国，它还将帕米尔山口以西那些疆域辽阔、拥有高度文明的国家纳入考察范围，由此也可以看出它所依循的相同的目的。《西域传》多次援引张骞的报道，后者之前可能是中国人在西行旅途上的重要指南。

人们必须时刻意识到，为了到达西方国家并开拓市场，旅途中的商客不得不穿越迄今完全陌生的地区，因此他们必须给自己物色可靠的向导。自大约公元前 30 年起，《西域传》开始扮演这一值得信赖的向导角色，故而很快它的各种抄本和摘录应运而生，这也是清楚明白的事情了。或许除《西域传》之外，再无其他文字材料能够使中国商客更好地适应域外环境了。如同在对外交往第一次中断（公元33 年）之前的那些岁月里，和后来当中国与西方的关系重新变得活跃时（公元 87—127 年），《西域传》作为旅行指南应当也发挥了重要作用。接着人们很容易想到，《西域传》的译本在当时可能也存在过，因为就跟中亚对于中国人来说几近完全陌生一样，来自帕米尔山口以西地区的商人起初对中亚无疑同样知之甚少。事实上，我们后来在研究托勒密的文献时能够确定，帕提亚商人使用过一种描述从巴克特拉到中国西北边境途经地区的旅行指南，而该指南正是最初中国人编撰的《西域传》的节译本。

§38. 鉴于《西域传》（在此谈到《西域传》时总是只涉及里面　37

---

① 中国官员向生活在塔里木盆地的民众征收赋税，这一事实在汉代编年史里有过记载（参见《英国和爱尔兰皇家人类学研究所杂志》，1881 年，第 21 页）。

包含的地理统计信息）最初主要是为驻守西域的汉朝官员和商旅人员编写的，因而其编撰工作很有可能不是在汉室皇帝的直接授命下，而是在汉代西域最高军政长官西域都护的专门委托下，并且最有可能是在西域都护府的所在地乌垒城完成的。从这一前提出发我们就完全能够理解，《汉书》第九十六卷里除了其他距离参数外，也包括距乌垒城远近的情况说明。

由此我们得出结论，《西域传》的底本在被送达朝廷时肯定已经是一部完整的作品了。因此宫廷编年史作者的任务可能只在于收集记载中国使节在西域地区活动的重要卷宗，以及其他政治和历史资料〔这些卷宗和资料可以一直追溯到西汉末期（公元23年）〕，然后再把它们插入文本的合适位置，使得原先的底本在篇幅上不断得到扩展，在内容上持续得到丰富。这就是我们最终在班固编撰的《汉书》里见到的《西域传》的模样。

§39. 我们首先认识了《西域传》的由来及其内容组成，在这之后我们才能充分评价文本里所包含的距离参数。鉴于这些信息构成了我们研究的最重要的基础，因此我们应当着眼于此进行探究。

首先，就中国的道路工程长度计量单位"里"而言，它在数百年的历史沿革中经历了多次波动和变化。即便在某一特定时期，"里"的标准也不是固定的，而是根据地形情况的不同随时调整。在平坦、易行的路面上，"里"的标准看起来更大，反之在陡峭、难行的山路上则更小，因此"里"按照西方概念不是真正意义上的长度计量单位，反倒更像是人们所理解的"每小时走过的路程"。但不管怎样，关于"里"的平均值还是能被计算出来的。为了在绘制中国地图方面有一种方便合适的计量单位可依，17、18世纪来华的耶稣

会会士将200里等同于1赤道度①，也就是说100里约合55千米。但
是在两汉时期，100里平均来说要比后来的换算标准短15千米。若　38

沿线各站② 国家，都城	彼此之间的距离 今所在地	以"里" 为单位	以"千米" 为单位	结果
车师国，交河城	交河故城③	835	320	1里 = 383 米
焉耆国，员渠城	焉耆	100	45	450
尉犁国，尉犁城	尉犁县	300	120	400
乌垒国，乌垒城	策达雅地区④	350	150	429
龟兹国，延城	库车	670	255	381
姑墨国，南城	温宿县⑤			
疏勒国，疏勒城	喀什噶尔	560	200	357
莎车国，莎车城	叶尔羌	380	155	408
皮山国，皮山城	固玛，今皮山县	380	150	400
于阗国，西城	约特干故城⑥			
		3 575	1 395	1里 = 390 米⑦ ≈400 米

————————

① 参见李希霍芬《中国》，第1卷，第19章。

② 见《英国和爱尔兰皇家人类学研究所杂志》，1882年，第106、102、101、95、94页；《英国和爱尔兰皇家人类学研究所杂志》，1881年，第48、31、30页。

③ 交河故城遗址位于吐鲁番以西8千米处的亚尔乡（详见§72）。

④ 伟烈亚力最先把乌垒城鉴别为今策达雅地区（见《英国和爱尔兰皇家人类学研究所杂志》，1881年，第95页附注3）；沙畹似乎忽视了这一点，因为他把乌垒城认定为今天的轮台县（策达雅以西50千米处），对此却未做任何详细说明（见《通报，或关于东亚历史、语言、地理和民族学的档案》，1907年，第200页）。

⑤ 迄今为止人们一般将今新疆阿克苏市认为是姑墨国的都城。但是鉴于它在《汉书》（见《英国和爱尔兰皇家人类学研究所杂志》，1882年，第93页）里被称为"南城"，故而它指涉的可能仅是阿克苏以南10千米处的温宿县。

⑥ 约特干故城位于和田城以西8千米处（详见§79）。

⑦ 格瑞纳认为汉代编年史里的1里相当于420米（参见德·兰斯和格瑞纳，《亚洲高地科学考察报告（1890—1895年）》，第2卷，巴黎，1898年，第209页）。

是将《汉书》里记载的距离参数（它们涉及的都是已经被准确鉴别的地名，而且那些地方全都位于西域地区）与真实的路径长度做比较，我们便会得出上述结果。当然比较的前提条件应当是各条道路在当时的延伸方向与今天的走向保持一致①。

综上，我们计算出 100 里约等于 40 千米，这是一段在白昼急行军中耗时 8—9 个小时可以走完的距离。在西域地区，一日平均的行进速度要稍慢一些，也就是大约 35 千米②。

§40. 当然，长度单位"里"的计量标准不仅仅只适用于《汉书》里的地理参数，也适用于司马迁《史记》和张骞报告里的相关陈述。因此人们可能会假定，鉴别那些尚未确定的地名，从现在来看不再是特别困难的任务了，人们只需在一幅大比例尺地形图上尽可能沿今天的路线走向对古籍文献里提到的距离进行测量即可。但很快人们就将面临新的困难。张骞的记述里只包含了少量的地理情况说明，而且它们也不是十分精确。《汉书》在描述个别西域国家时，对它们与沿线下一站之间的距离甚至未做任何说明，不得已我们只能利用中国文献里现有的地理参数。它们描述的是各个国家与当时西汉都城长安以及与西域都护府所在地乌垒城（今策达雅地区）之间的距离。这些地理参数有时乍一看含混不清，迄今在该领域的研究中也没能派上太大用场。当然它们都是后来才产生的数据，是对从一个地方到另一个地方的相关距离测量值相加后得出的结果，而在后来编撰文献时

①　表格里的测量结果以 B. 哈森斯坦（B. Hassenstein）的"塔里木盆地地形图"（Karte des Tarimbeckens）[赫定于 1894—1897 年探险旅行期间曾参考此图，比例尺为 1：1 000 000，见《彼德曼地理通报》（增刊），第 131 期，1900 年] 为主要依据，辅之以《施蒂勒手绘地图集》（*Stielers Handatlas*）第 62 幅（第 9 版，比例尺为 1：7 500 000）。

②　参见德·兰斯和格瑞纳，引文出处同上，第 2 卷，第 199 页。

一部分原始数据不再被收录。反过来，重新恢复那些原始数据非常困难，有时根本就不可能，因为当初人们很少是在准确无误的情况下把它们相加在一起的。

　　因此，更为详细地审视这些经换算而得出的距离参数就势在必行。我们从那些指涉长安（今西安府）的地理参数开始。首先人们认识到，为了将数据相加，人们挑选的都是描述最短路程的距离测量值①。例如，从皮山（今叶尔羌东南方向的固玛，今皮山县）到长安的距离指的是途经于阗（今和田）的路程②，而从莎车（今叶尔羌）到长安的距离则指途经疏勒（今喀什噶尔）③、龟兹（今库车）和尉犁（今尉犁县）的最短路程。在说明康居国和大月氏国的地理情况时使用的是一种偏离常规的描述模式④。《汉书》在列举这两个国家的都城时，除了它们与乌垒城之间的距离外，唯独没有说明它们至长安的远近距离，而是给出了它们到阳关（长城在敦煌附近最重要的关隘）的距离。也就是说我们必须首先加上 4 500 里这段从阳关至长

40

---

①　下文经常用"国家"本身的名字取代相关"国家"都城的名称，因为那些国家大多只是面积很小的绿洲城邦。
②　参见《英国和爱尔兰皇家人类学研究所杂志》，1881 年，第 30 - 31 页：
　　从皮山到长安　　10 050 里
　　从于阗到长安　　　9 670 里
　　　　［相差　　　　380 里］
　　从皮山到于阗　　　380 里
③　引文出处同上，第 47 页：
　　从莎车到长安　　9 950 里
　　从疏勒到长安　　9 350 里
　　　　［相差　　600 里］
　　从莎车到疏勒　560 里［同时参见下页 1a）］
④　引文出处同上，第 44、41 页。

安的路程①，才能得出两个国家到长安的最终距离。值得注意的还有《汉书》在描述西域诸国时往往还要补充有关地理方位的说明，但在谈及上述两个国家时却缺少了这方面的信息。

为了知道各种统计数据属于何种类型的错误或者误差，我们最好挑选那些借助于同时给定的不同地点、之间的距离能够加以检验的数据②。通过检验我们可以得知，误差的根源主要是数值修约、相加有误或是个别数位颠倒。以下所列数据中体现出误差的三种主要表现形式。方括号里添加的数字都表示两组指涉长安的数据相减的结果，而方括号上方的数字则代表指涉长安的两地之间的实际距离，从中可以看出，两者之间有时会存在很大的偏差。

1. 数值修约

	a）从疏勒	到	长安	9 350	
	从疏勒	到	莎车		560
	从莎车	到	长安③	9 950	［600］
41	b）从鄯善	到	长安	6 100	
	从鄯善	到	山国		1 365

---

① 引文出处同上，第 23 - 24 页：从鄯善到长安   6 100 里
　　　　　　　　　　　　　　　　从鄯善到阳关   <u>1 600 里</u>
　　　　　　　　　　　阳关至长安的实际距离符合差数   4 500 里
② 很明显，在那些通过换算而得出的数据当中会有一个是正确的，比如说 G 站参数，我们只需将之与相应的 F 站参数以及与 F 站和 G 站之间的距离测量值进行比较即可。尽管如此，G 站参数也可能从根本上讲就是错误的，因为之前在对 C、D 两站的数据相加时就已出了差错，以至于相同的误差值又传给后来的数据。这样的误差主要见于距离长安或者乌垒城最远的地方，也就是那些帕米尔山口以西地区的地理数据。
③ 引文出处同上，第 47 - 48 页。

	从山国	到	长安①	7 170	[1 070]
c)	从姑墨	到	长安	8 150	
	从姑墨	到	温宿		270
	从温宿	到	长安②	8 350	[200]

2. 个别数字相加有误

a) 上述 1b) 所列数据也适用于此, 因为

从山国	到	长安		1 365

而将其他数字相减所得的差数为 [1 070]

b)	从皮山	到	长安	10 050	
	从皮山	到	乌秅		1 340
	从乌秅	到	长安③	10 388	[338]

3. 个别数位的颠倒

a)	从捐毒	到	长安	9 860	
	从捐毒	到	休循		260
	从休循	到	长安④	10 210	[350]
			[而非	10 120	260]
b)	从且末	到	长安	6 820	
	从且末	到	小宛		三日路程

---

① 引文出处同上, 第 24 页;《英国和爱尔兰皇家人类学研究所杂志》, 1882 年, 第 105 页。

② 见《英国和爱尔兰皇家人类学研究所杂志》, 1882 年, 第 93 - 94 页。

③ 见《英国和爱尔兰皇家人类学研究所杂志》, 1881 年, 第 30 - 31 页。汉代编年史并未给出 "乌秅距长安 10 388 里" 这一数值(就跟描述康居国和大月氏国的地理参数完全一样), 而只是说明乌秅距阳关 5 888 里。因此在计算乌秅至长安的距离时, 还须加上阳关至长安 4 500 里的这段路程。

④ 引文出处同上, 第 46 - 47 页。

从小宛	到	长安①	7 210	［390］
		［而非	7 120	300］

§41. 西域各国到乌垒城（今策达雅地区）的距离参数相比其他数据在数值上显得格外突出，因为前者包含的数字一般来说都保留至个位整数，尽管最初的原始数字都是保留整十数或者整百数的。就这些参数的可信度而言，它们比先前探讨过的统计数据更不可靠。

迄今令人困惑不解的有关贯穿塔里木盆地的丝绸之路南道沿线地区的描述就很好地说明了这一点。首先对于通向乌垒城的各条道路走向的评述就很容易使人迷惑。例如，文献中提到，人们从于阗（今和田）出发沿东北方向可达乌垒城，或者从丝绸之路南道上的第三站且末出发，一路向东便可抵达乌垒城西北角②，由此可以认为，有两条直通乌垒城的线路可供人们选择。然而这种情况并不存在。因为根据文献记载，从于阗（今和田）到乌垒城的路线长度为 3 947 里，且末至乌垒城的距离为 2 258 里，而文献在另一处③又提到，整个塔里木盆地从南到北的宽度仅为 1 000 里。因此很明显，上述距离参数肯定是绕了很大一段弯路而测得的。同样的情况也适用于塔里木以南的其余地方。鉴于这些距离参数在数值上由西向东逐步减小，因而可被我们考虑的只能是位于东部的某个地点，而前面提到的弯路应当经由该地点，它便是鄯善国的都城扜泥城（今罗布泊）。当然从下列表格看出这一点并非易事，因为在文献所列数据和我们通过正确相加得出的数据之间存在较大差异。

---

① 引文出处同上，第 28 页。
② 引文出处同上，第 30、28 页。
③ 引文出处同上，第 20 页。

沿线各站①	至乌垒城 的距离	相互间距	至乌垒城 的距离 （如果计算 正确的话）
1. 鄯善（今罗布泊）	1 785		—
2. 且末	2 258	720	2 505
3. 精绝	2 723	2 000	4 505
4. 扜弥	3 553	460	4 965
5. 于阗（今和田）	3 947	390	5 355
6. 皮山（固玛，今皮山县）	4 292	380	5 735
7. 莎车（今叶尔羌）	4 746	380	6 115

　　仔细核验上述表格中的数字便会发现，仅仅是非常马虎的计算导致了相加结果出现较大的偏差。从涉及第三站精绝国的数字上就能看出这一点，在这里文献编撰者或许还将该数字最后几位数的顺序颠倒了，因为若是我们将上面的数字 2 258 换成 2 285，那它将会与属于第一站的数字 1 785 的最后两位数完全吻合。此外还能发现，表格中给出的第三至七站的数字实际上并非指涉它们到乌垒城的各自距离，而只是意味着它们至第一站鄯善的距离，也就是说编撰者完全忘却了还要将第一站到乌垒城的距离并入计算。在接下来的统计中他又第二次出了差错。他在文献里把为第五站（今和田）计算出的结果错误地分配给了上一站即第四站，因此第五站得到的是将上一段路程计算在内的新的数值。基于这种从两方面看的错误结果，编撰者又继续计算第六站的数据，直到最终得出第七站（今叶尔羌）的计算数值。

43

以下再次以表格形式加以说明：

		《汉书》里给出的最终数据
1. 从鄯善（今罗布泊） 从鄯善	到乌垒城 到且末 720	1 785
2. 从且末 从精绝	到乌垒城 2 285 继续错误地写成 到鄯善 2 000+720＝2 720	2 258
3. 从精绝 从于阗（今和田）	到乌垒城 到鄯善 390+460+2 000+720＝3 570	2 723
4. 从扜弥	到乌垒城	3 553
5. 从于阗	到乌垒城 3 553+390［+4］＝	3 947
6. 从皮山（固玛，今皮山县）	到乌垒城 3 947+380［-35］＝	4 292
7. 从莎车（今叶尔羌）	到乌垒城 4 292+380［+2］＝4 674 继续错误地写成	4 746

§42. 根据以上从鄯善（今罗布泊）到莎车（今叶尔羌）所列七站的情况说明，它们和乌垒城相关的距离统计几乎都是基于相加有误而计算出来的，但同时值得注意的是，它们与长安之间相应的距离参数却又全都是正确的。相同或是相反的现象在我们接下来考量其他地方的地理信息时也将观察到。因此，我们经常有可能借助其他相应数据对其中一组数据进行校正①。

《汉书》所载地理参数很少分散各处或是零星分布，而往往集中

---

① 这里将涉及的是有关康居国和大月氏国的地理数据。

于各个完整的段落，有些段落通篇充斥着错误的数据，另一些段落里的数据则全部准确无误。毫无疑问，出现这种实际情况的原因肯定在于，汇编资料的工作不是由一个人而是由多人共同完成的。每名参与者都要负责某一部分的编撰工作，其中一人在工作中兢兢业业，另一人马马虎虎，还有人可能在计算数据时极不熟练。最有可能的猜测是，参与汇编工作的是同一批中国官员，最初的《西域传》便出自他们之手。

第四章　东汉编年史《后汉书》

　　§43.《后汉书》即后汉或者东汉编年史，尽管它记述了上起东汉的汉光武帝建武元年（公元25年）、下至汉献帝建安二十五年（公元220年）的史事，但却是在公元5世纪初才由宫廷编年史作者范晔（卒于公元445年）最终汇编成书。因此我们面对的《后汉书》基本上也是编撰的作品，里面的文字材料就其本身而言大多比范晔所处的时代要久远得多。对我们来说重要的只是《后汉书》第一百一十八卷，因为它包含了"有关西域诸国的信息"①。

---

　　① 沙畹，"后汉初年之后的西域"（Les pays d'Occident d'après le Heou Han chu），见《通报，或关于东亚历史、语言、地理和民族学的档案》，1907年，第149-237页（文章也包含东汉名将耿秉和耿恭的传记，参见《后汉书》第四十四、四十九卷）。类似的还有沙畹的"东汉三将：班超（公元32—102年）、班超之子班勇、梁慬（卒于公元112年）"（参见《后汉书》第七十七卷），见《通报，或关于东亚历史、语言、地理和民族学的档案》，1906年，第210-269页。

§44. 为了正确理解《后汉书》相关章节的内容及其来源，我们最好从编撰者范晔的下述评论开始①："班固记诸国（西域诸国）风土人俗，皆已详备《前书》。今撰建武（公元 25—55 年）以后其事异于先者，以为《西域传》，皆安帝（公元 107—125 年）末班勇所记云。"

§45. 上述评论首先表明，西汉编年史即《汉书》里对于西域诸国的记述被视为整个编撰工作的基础，《后汉书》相关章节主要应当是对《汉书》里有关陈述的补充和修正。因此，不是地理描述而是历史叙述在《后汉书》里占了更大篇幅。

《后汉书》相关卷目同样以对西域诸国的整体描述开篇，只不过它把历史描述部分放在了前面。涉及地理描写的部分与《汉书·西域传》里的相关说明有许多雷同之处，但该部分也补充了一些重要内容，它们主要指涉丝绸之路北道的走向。

我们可以把接下来的大段篇幅称作《后汉书·列传·西域传》的特别或者特殊章节，它们大致按照与《汉书·西域传》一样的顺序和体例，对西方的外邦国家进行了详尽罗列。如果仅局限于地理信息，我们就会发现相比原先的西域国家，《后汉书》里列举的国家数量不是很多，究其原因，明显是编撰者认为只在个别地方有必要对原先的说明进行补充和修正。有关药杀水（今锡尔河）流域国家的信息更显寥寥无几；相反，关于帕米尔山口以西其余地区的信息却比较丰富，尤其是针对那些在《汉书·西域传》里只是很少被描述或者根本未被提及的地区。那些地区既包括身毒国、条支国和安息国，也包括东离国和大秦国（即叙利亚）。最后这两个国家（指东离国和大

___

① 见《通报，或关于东亚历史、语言、地理和民族学的档案》，1907 年，第 168 页。

秦国）描述的是身毒东南和海西地区，东汉时期中国人通过陆路可能已经了解到了关于它们的确切信息。

与《汉书》编撰者班固的做法大致相同，史学家范晔在该卷结尾处也倾向于归纳介绍中国人在外邦国家中与日俱增的影响力，尤为重要的是这里还附有一些对古代中国与西方国家商贸关系的评论。之后对于印度作为佛教发源国以及佛教传入中国的情况介绍，因不在我们考察的时间范围之内，故在此未予关注。

§46.《后汉书·列传·西域传》在成书形式上与《汉书》肯定是大致相同的。这一点由以下情况得到了验证。基于前文引用过的编年史作者范晔的话语，时任西域长史的东汉将领班勇向朝廷发回的有关西域的记述（《西域记》），构成了后来《后汉书·列传·西域传》所依据的主要资料。这些资料主要包含的肯定是地理学和民族志方面的信息。该卷描述的历史事件最晚可达公元 153 年，也就是超越了公元 125 年的时间范畴，因此必定是后来才由宫廷史学家们补充添加的。我们在上一章探讨《汉书》时也得出了相应的结论。

班勇记录西域情况并对记载进行汇编整理的时间只能是介于公元123 年和 125 年，因为资料中的距离参数将柳中标识为班勇的官邸所在地，而班勇从延光二年（公元 123 年）才开始被任命为西域长史，并率兵驻守柳中①。西域原始资料的编写时间应该不会早于公元 90

---

① 见《通报，或关于东亚历史、语言、地理和民族学的档案》，1907 年，第 167 页。与西汉统治时期一样，东汉在西域也设有都护府，但设置的时间不长，仅存在于公元 91—105 年，之后因西域国家的叛乱便撤销了都护府。公元 120 年前后，在执政太后邓绥的推动下，东汉临时设置西域副校尉（但实际上并无实权），驻扎敦煌，而先前都护的官邸设在龟兹（今库车）（引文出处同上，第 158、160-161 页）。"西域长史"这一官职早在公元 91 年就已有之，当年它可能是对受西域都护管辖的官员的称呼（《通报，或关于东亚历史、语言、地理和民族学的档案》，1906 年，第 233 页）。到了公元 123 年，这（见下页）

年，因为从这一时期开始中国才陆陆续续与拥有高度文明的西域民族建立起定期的友好往来关系。充当资料编写者的或许又是中国官员和使节，他们可能以那种在西汉编年史里能够找到的旅行指南（上一章已经提及）作为底本，又添加了一些补充性和更正性的评论，由此便产生了《后汉书·列传·西域传》最初的模样。另一种可能性几乎是无法想象的。前文提到的希尔特的观点无疑是不正确的，他认为当时人们按一种固定的模式对来朝觐见的外邦使节进行盘问，于是在汉朝宫廷里产生了最早关于西域地区的记录。

§47. 《后汉书》里只有少数以"里"为计量单位的距离参数。仅仅对于坐落在天山以东的一些国家而言，与它们相关的地理信息是基于全新的计算方式得出的，除此之外涉及其他国家的计算结果均以《汉书》里的数据为基础。接下来的探讨便可阐明这一点。

从东汉编年史里流传下来的几乎只有对最初的距离参数进行相加，也就是经换算后得出的地理数据，它们一方面指涉至当时东汉都城洛阳（今河南府）的距离，另一方面也表明至东汉时期西域长史的官邸所在地柳中（今新疆鄯善县鲁克沁镇，位于著名的吐鲁番盆地）的距离。东汉都城洛阳位于西汉都城长安以东约 900 里处。将《后汉书》里的相关数值和《汉书》里的相应数据进行比较便可发现，大多数情况下两者的确相差 900—1 000 里。由此可见，人们当时把洛阳至长安的距离直接加到了《汉书》里已有的距离参数上。

47

（接上页）一官职肯定是变得更为重要了，因为彼时西域长史开始尝试行使昔日西域都护的权力。东汉编年史里最后一次提到西域长史是在公元 175 年（《通报，或关于东亚历史、语言、地理和民族学的档案》，1907 年，第 171 页）。

国家都城①	《汉书》里计算的至长安的距离	《后汉书》里计算的至洛阳的距离	两者相差	《汉书》里计算的至乌垒城的距离	《后汉书》里计算的至柳中的距离	两者相差
东且弥国（今交河故城和哈密之间）	8 250	9 250	1 000		重新计算	
焉耆国（今焉耆）	7 290	8 200	910		同上	
疏勒国（今喀什噶尔）	9 350	10 300	950	2 210	3 530③	1 320
莎车国（今叶尔羌）	9 950	10 950	1 000		空缺	
于阗国（今和田）	[9 670]	11 700②		3 950	5 300	1 350
扜弥国（今于田县以东390里处）	[9 280]	12 800（注释同上）		3 550	4 900	1 350

以同样的方式进行计算，便能得出和柳中有关的距离参数。若是也将《后汉书》里指涉柳中的数字和《汉书》里指涉西域都护府官

———————————

① 见《通报，或关于东亚历史、语言、地理和民族学的档案》，1907年，第196、204、208、210、171、170页。

② 表格里的数字11 700（于阗至洛阳的距离）和12 800（扜弥至洛阳的距离）并非按《汉书》里的计算方式，即加上于阗和扜弥分别至鄯善（今罗布泊）的距离，而是加上它们各自至莎车（今叶尔羌）的距离得出的。因为若是将11 700（于阗至洛阳的距离）和10 950（莎车至洛阳的距离）相减，所得的差数几乎与西汉编年史里记载的于阗至莎车的距离相符。我们的计算结果为750里，《汉书》里给出的数据是760里，由此可见这一间距是在经由莎车和疏勒的路线上测定的。就扜弥至洛阳的距离而言，12 800可能是笔误，最初的数值或许应为12 080。因为只有这一假设成立，将扜弥至洛阳的距离（12 080里）和邻国于阗至洛阳的距离（11 700里）相减之后，所得的差数才符合人们的预期，也就是说与《汉书》里提到的两国间距最为接近。我们的计算结果为380里，《汉书》里给出的数据是390里。

③ 但是汉朝文献（引文出处同上，第204页）里涉及疏勒国的是另一个数据即5 000里，而上面表格里的数字3 530里则指涉德若国（今叶尔羌以西）至西域长史官邸所在地柳中的距离。事实上我们在鉴别德若国的地理信息时也将证明，当时史学家在将这两组数字收录进文本时把它们混淆了。

邸所在地乌垒城的数值进行比较，我们就会得出 1 300—1 350 里的差数。在地图上的测量结果表明，乌垒城和柳中之间路径的真实长度与上述数差基本相符。需要注意的是，为了得到与洛阳和柳中相关的距离参数，人们忽略了去检验《汉书》里的相应数据是否属于正确的计算结果。表中的大多数数据皆能说明这一点。

§48. 在《后汉书·列传·西域传》里，有关安息国和大秦国的情况说明占据了极其特殊的地位，今天人们已经正确地将这两个王国鉴别为帕提亚帝国和叙利亚。之所以说东汉编年史里对于安息国和大秦国的介绍非常特殊，是因为那些信息并非基于中国人自己的所见所闻，也非仅仅源于他们对西方民众的口头调查，而是主要依据一份外文文献产生的。这一点从《后汉书》以下相关文段的字里行间便能清楚地看出：

"大月氏国（巴克特里亚），居蓝氏城，西接安息（帕提亚帝国），四十九日行，东去……去洛阳（今河南府）万六千三百七十里①。"

"安息国（帕提亚帝国），居和椟城，去洛阳（今河南府）二万五千里……其东界木鹿城，号为'小安息'，去洛阳（今河南府）二万里。"

"自安息（也就是说安息国都城和椟城）西行三千四百里至阿蛮国。从阿蛮西行三千六百里至斯宾国。从斯宾南行度河，又西南至于罗国九百六十里，安息（帕提亚帝国）西界极矣。"②

① 见《通报，或关于东亚历史、语言、地理和民族学的档案》，1907 年，第 187 页。
② 希尔特，《中国和罗马人的东方》，第 38－39 页。类似的还可参见希尔特，《公元初年叙利亚与中国的关系》，第 438－439 页；《通报，或关于东亚历史、语言、地理和民族学的档案》，1907 年，第 177－178 页。

　　正如人们从以上引文里那些非常惊人的数字中已能推测的那样，弗里德里希·希尔特证明了上文所说的"里"并非中国的距离测量市值单位（1 里 = 400 米），而是指古希腊或古罗马长度单位"斯塔德"（1 斯塔德 = 185 米）。从这一前提出发，希尔特将安息国都城和椟城确定为伊朗古代城市赫卡通皮洛斯（或译赫卡托姆皮洛斯），将木鹿城确定为木鹿绿洲或者梅尔夫古城，将阿蛮确定为阿蛮城抑或埃克巴坦那城（今伊朗哈马丹）。照此看来，《后汉书》里相关描述所依据的路线简而言之大概是这样的：

从蓝氏城	西行 3 630 斯塔德	至木鹿城
从木鹿城	西行 5 000 斯塔德	至和椟城
从和椟城	西行 3 400 斯塔德	至阿蛮国
从阿蛮国	西行 3 600 斯塔德	至斯宾国
从斯宾国	南行 960 斯塔德	
渡过一条河，继续沿西南方向行		至于罗国

　　上述引文中描述的地理信息的确像是以中国人完全陌生的"斯塔德"为计量单位的，如果情况果真如此，那么毫无疑问，《后汉书》里该部分的描写主要参考了一份来自异域的旅行指南，该旅行指南极有可能是用帕提亚人的语言写成的，里面描绘的路线正好穿过了帕提亚帝国的版图。希尔特在他的研究中并未强调这一事实。奇特的是，旅行指南里提到的不是古代波斯的距离单位"帕勒桑"，而是古希腊长度单位"斯塔德"，这也清晰地表明了当时即使在独立自主的帕提亚帝国，古希腊文明同样对之产生了深远影响。

　　此外，那份旅行指南无疑也包含了描写大秦国（叙利亚）的起始部分，因为该部分在《后汉书·列传·西域传》里直接跟在描述安息国的文段之后，并且是紧随"自此（即从于罗国开始）南乘海，乃通大秦"这句承上启下的过渡句。帕提亚商人在旅行途中可能随身携带了多份这种伊朗古代旅行指南的样本，由此该指南以稍显隐蔽的方式通过一部中国古代编年史流传到了我们手中。

第五章　汉代以后历朝补充性文献

§49. 纪传体编年史：《魏略》《晋书》《魏书》《唐书》。§50. 佛教朝圣僧人的记载。

§49. 汉代编年史首先提及的众多地理名称在后世文献中也再次出现过，尤其是在汉代以后历朝纪传体编年史中的《西域传》里。如果涉及外邦国家的名称，则历朝文献从某些方面补充了汉代编年史中的相关记载，这一点也应在我们的考虑之列。遗憾的是我们只能接触到一部分这些文献的译文，但似乎恰恰是这些有限的素材汇集了较为丰富的研究资料。在此我们要再度感谢爱德华·沙畹，因为大多数这方面的文献皆由他亲自译出。以下文献将成为我们关注的重点。

《魏略》即简要记载三国时代魏国（公元 239—265 年）的史书[1]，系曹魏郎中鱼豢所撰，叙述的是公元 220 年（东汉王朝结束之

---

[1]　《魏略·西戎传》里关于大秦国的情况介绍是由希尔特翻译的，见《中国和罗马人的东方》，第 67－69 页；其余内容尽皆由沙畹译出，见 "《魏略·西戎传》笺注"（Les pays d'Occident d'après le *Wei lio*），收录于《通报，或关于东亚历史、语言、地理和民族学的档案》，1905 年，第 519－571 页［译文中附有详细的注解；也可参见保罗·伯希和（P. Pelliot）的评注，见《法国远东学院通报》（*BEFEO*），1906 年，第 361－400 页］。《魏略·西戎传》主要包括两部分内容：其一为中国西北和西部边境各少数民族；其二为西域诸国。《魏略·西戎传》首先在序言部分概述了三条穿越西域地区的古丝绸之路，然后依次描述了分布在丝绸之路南道、中道和北道沿线上的西域诸国，同时连带介绍了（见下页）

年）后不久的那一段历史时期。《魏略》已几近亡佚，我们今天所见只是裴松之注《三国志》［也就是记述三国时期（公元 220—280 年）的史书］里的选录。《魏略·西戎传》在题材分配上时常以汉代编年史为模板，也在不同地方给出了特别提示，当然并未直接点明具体参照的对象。本书在论述过程中将反复提到《魏略》，尽管该文献里几乎未包含任何距离参数。

《晋书》是记载晋朝（公元 265—419 年）历史的纪传体编年史。《晋书·西戎传》[1]篇幅不长，只记述了数量不多的几个国家，其中许多描述纯属原文照搬汉代编年史里的记载，只有个别关于康居国的记录对我们来说具有参考价值。

《魏书》中记载了北魏王朝（公元 386—556 年）的历史。迄今西方学者只翻译了《魏书·西域传》里的零星片段，且该卷内容所包含的地理数据或许全都指涉至当时北魏都城代京（亦称平城，今大同府）的距离，因此这些距离参数对我们来说暂时派不上太大用场。下文我们将要探讨的是涉及兴都库什山脉以东那些陡峭险峻的山口的描述，这些描述是从一段《西域图志》的译文[2]里了解到的。《西域图志》是一部于 1782 年编撰完成的地方志，书中引用了大量中国古代编年史里的记述，以便对记述里提到的地名进行鉴别，不过

51

（接上页）印度、叙利亚和北方各族的相关情况。作为《〈魏略·西戎传〉笺注》的附录，沙畹翻译了一部分郦道元（卒于公元 527 年）为《水经》（中国第一部记述水系的专著）所作的注解。在本书里我们将着重探究有关罗布泊地区的情况说明。

[1]　希尔特翻译了有关大秦国的文段（见《中国和罗马人的东方》，第 44 - 45 页），余下的更多篇幅由沙畹翻译完成（见斯坦因，《古代和田》，第 1 卷，牛津，1907 年，第 542 - 544 页），但是沙畹唯独没有翻译对位于青海湖湖畔的吐谷浑国的描述。

[2]　于雅乐（C. Imbault-Huart），"中亚民众地理和历史概述"（Notices géographiques et historiques sur les peuples de l'Asie Centrale），见《东方语言学院文集》（École des langues orientales），第 16 卷，巴黎，1887 年。

却经常得出错误的结论。直接译自《魏书·西域传》的是有关大月氏国（巴克特里亚）和罽宾国的重要描述①。

就记录唐代（公元 618—906 年）历史的纪传体编年史《唐书》而言，里面有众多珍贵史料可供我们参考，这些资料已有许多优秀的，特别是由沙畹完成的译文②。它们带给我们丰富的关于中亚和西亚地区的全新信息，在这些资料里大量涌现的各种距离参数既出现在描述各个国家的文段里，也以独特的旅行指南或者路线图的方式呈现。《唐书·西域传》里采用的距离单位"里"与汉代编年史中的长度单位"里"在计量标准上几乎没有出入。这一点从丝绸之路南道

丝绸之路南道西段沿线各站③		彼此间距		计算结果
据《唐书·西域传》	今所在地	以"里"为单位	以"千米"为单位	
疏勒 皮山 且末（播仙镇） 于阗	喀什噶尔 皮山县 叶城县 和田	240 320 670	90 122 250	375 米 1 里 = 381 米 373 米
		1 230	462	1 里 = 376 米 ≈ 380 米

---

① M. E. 斯柏榭（M. E. Specht），"中亚研究"（Etudes sur l'Asie Centrale），见《亚洲学报》，第 2 卷，第 8 期，1883 年，第 331 - 333 页。

② 卜士礼（S. W. Bushell），"西藏早期历史——译自中国文献"（The early history of Tibet: from Chinese sources），见《皇家亚洲学会会刊》，1888 年，第 435 - 541 页。希尔特，《中国和罗马人的东方》，第 51 - 61 页。沙畹，《西突厥史料》［Documents sur les Tou-kiue (Turcs) occidentaux］，圣彼得堡，1903 年。同样可参见《法国远东学院通报》，1903 年，第 391 页注释 1（涉及从罗布泊到和田、穿越塔里木盆地的丝绸之路南道）。

③ 沙畹，《西突厥史料》，第 123 页注释 1。

西段（从喀什噶尔到和田）沿线已经确定的数据上便可看出。后续我们也将着重考量文献里对于穿越塔里木盆地的丝绸之路南道的描述。

§50. 从公元 3 世纪开始，佛教经历了一段自传入中国以来空前繁荣的发展时期，许多中国僧人纷纷踏上西行之路，为的是远赴佛教发源国印度求取真经。他们所走的路线大多穿过中亚地区，当然主要是经由前文所述编年史里已经描述过的相同的路径。正因为如此，我们在研究过程中经常可以援引记述他们朝圣之旅，且多数情况下已有现成的翻译文献。这里提到的文献主要是对以下几位高僧海外取经求法情况的详细介绍，它们分别涉及法显（取经时间为公元 399—400年)[1]、法勇（取经时间为公元 420 年)[2]、宋云（取经时间为公元 510年)[3]、悟空（取经时间为公元 751—754 年)[4]，尤其是玄奘（取经时间为公元 629—645 年)[5]。对我们来说，相比估算上述高僧走过的里程，他们在漫漫长途上以及在大地方逗留期间的所见所闻更为重要，因为他们西行的距离无法给我们在鉴别地名方面提供可靠的依据。

52

---

① S. 比尔（S. Beal），《法显和宋云的旅行：佛教徒从中国到印度的朝圣之旅》(*Travels of Fah-hian and Sung-yun Buddhist Pilgrims from China to India*)，伦敦，1869 年。J. 理雅各（J. Legge），《法显行传》（或称《佛国记》，*A Record of Buddhistic Kingdoms Being an Account by the Chinese Monk Fâ-hien*)，牛津，1886 年。

② 沙畹（参见附录里所列对法勇西行求法的翻译），收录于《法国远东学院通报》，1903 年，第 434‒435 页。

③ 沙畹，"宋云行记笺注"（Voyage de Song-yun dans l'Udyāna et le Gandhara），收录于《法国远东学院通报》，1903 年，第 379‒429 页。

④ 列维（S. Lévi）和沙畹，"悟空入竺记"（L'itinéraire d'Ou-k'ong），收录于《亚洲学报》，第 6 卷，1895 年，第 341‒384 页。

⑤ 儒莲（Stan. Julien），《大唐西域记》（或称《玄奘的西域漫记》，*Mémoires sur les contrées occidentales par Hiouen-thsang*)，收录于他主编的"汉僧行记丛书"（Pèlerins bouddhistes）第 2、3 卷，巴黎，1857—1858 年。

比如若是依法显所言，他从于阗国（今和田）西行至子合国用了 25 日①，人们就不能由此推算他在 25 天的时间里走过了 900 千米的路程。因为按照《魏书·西域传》和《唐书·西域传》里的估量，同一段路程的长度大约仅为 1 000 里②，也就是说他在 12 天之内就能走完这段路程。对于法显在描述自己行程时给出的其他数据，我们也要以类似的方式加以理解。

至于玄奘的记述，我们将主要考虑他对从喀什噶尔到罗布泊附近区域这段路径的描述。在此我们也不应当过于信赖他对于距离的估算，因为从下列表格就能看出，他以"里"为单位给出的各个地方的距离参数波动极大。

沿途各站③		彼此间距		计算结果
根据玄奘的记述	今所在地	以"里"为单位	以"千米"为单位	
怯沙国	喀什噶尔	500	220	1 里 = 440 米
漕矩咤国	叶城县	800	230	= 288
瞿萨旦那国	和田	330	250?	= 472?
媲摩城	?	200	125?	= 312?
尼壤城	尼雅遗址	400		
睹货逻国	安迪尔遗址附近	600	160	= 267
折摩驮那国	车尔臣			

①　比尔，引文出处同上，第 13 页；理雅各，引文出处同上，第 21 页。
②　雷慕沙，《于阗城史》，巴黎，1828 年，第 19 页。沙畹，《西突厥史料》，第 123 页。
③　儒莲，引文出处同上，第 219–221、223、242、246、247 页。截至目前尚无法确切鉴别媲摩城和尼壤城这两个地名。

第二部分

司马迁笔下及汉代编年史
记载的中亚

第一章 西域的名称、边界和大小

§51. 名称。§52. 根据编年史里的地理描述，西域的边界和大小。§53. 作为政治概念的"西域"。

§51. 塔里木盆地的北面、西面和南面皆为连绵不断的山脉所环绕，这些群山巍峨高峻，海拔一般都在 5 000 米以上，与海拔高度仅有 790—1 500 米的塔里木盆地形成鲜明的反差。尽管塔里木盆地及其周边地区由此成为一处独特而又显著的自然景观，但是在我们熟悉的古代时期，该地区居民好像并未给他们所生活的地方起过什么特别的名字。因为张骞在其游记里通篇对该地区只字未提，虽然他在往返途中先后两次穿越塔里木盆地，并对距此稍远的国家做了逐一列举和描述。后来中国人开始与外邦各族直接通商往来，在此过程中他们对塔里木盆地的了解日益加深。起初中国人非常笼统地把该地区称作"西北国"，并将他们已知的一些更远的地方也计入这一区域①。

《汉书·西域传》里将归属汉朝统辖的中原以外领域称为"西域"，即所谓的"西域三十六国"。"西域"一词好像是从公元前 1 世纪中叶才开始被正式确立并使用的，当时汉宣帝任命郑吉为西域都

---

① 参见"司马迁《史记》"，《亚洲学报》，第 2 卷，1828 年，第 438 页。

护，统一管辖各西域属国①。

§52.《汉书·西域传》在卷首对西域的地理范围做了如下记载②："南北有大山，中央有河，东西六千余里，南北千余里。东则接汉，厄以玉门、阳关，西则限以葱岭。"文中提到的"大山"早已被人们识别为是天山、山脉集中的帕米尔高原和昆仑山北麓，下文将会讲到。玉门关和阳关是长城最外围的门户，位于罗布泊地区以东的沙漠地带，确切地说是在敦煌以西约 130 千米处。因此，把西域地区仅仅等同于内陆冲积平原塔里木盆地是不正确的。因为从对丝绸之路北道的考察（参见§71—72）可知，西域还应包括哈密和吐鲁番地区，尤其是所谓的焉耆盆地，其地堑构造由西向东逐渐倾斜，直至没入博斯腾湖，最低处距离博斯腾湖湖面可达 130 米。

从北纬 43.5°至北纬 35.5°，从东经 75.5°延伸到东经 93.5°，这便是整个西域地区纵横的范围。西域为群山所环绕，如果从山脚边缘处开始计算，则该地区覆盖的面积约为 66 万平方千米③。西汉编年史里描述的西域南北跨度约为 1 000 里（400 千米），这一数据在今天看来大致是准确的，但是给出的东西相距的数据却多出了将近 2 000 里（800 千米），因为我们根据文献估算的数值最多为 4 000 里，而非《汉书·西域传》里记载的 6 000 里④。

----

① 见《英国和爱尔兰皇家人类学研究所杂志》，1881 年，第 22 - 23 页。

② 引文出处同上，第 20 页。

③ 这是用哥廷根地理学系 490 型号求积仪在《施蒂勒手绘地图集》第 62 幅图（比例尺为 1：7 500 000）上测量的结果。

④ 根据《汉书·西域传》里的记载，西域"东西六千余里"，6 000 里这一错误数据很有可能是通过以下计算方式得出的：古代丝绸之路南道从东部最远处的阳关一直延伸至西部最远端的疏勒（今喀什噶尔），首先人们将南道沿线各路段的距离依次相加，得出的结果为 6 490 里。考虑到整条路线上有一小段距离（约 660 里）并非由东向西，（见下页）

§53. 若是按照汉代编年史里的原话，我们现在将当时中原以外归属中国人统辖的整个地区都视作西域，那么该地区就远远超出了新疆的区域范围。为了说明这一点，我们首先再将《汉书·西域传》开篇部分里的相关描述复述如下："西域以孝武（汉武帝刘彻，公元前140—前87年在位）时始通，本三十六国，其后稍分至五十余，皆在匈奴之西，乌孙之南……"因为在西汉时期，匈奴人盘踞在蒙古高原，乌孙人游牧于伊塞克湖流域和伊犁盆地一带，据此我们只得将西域三十六国或者五十余国局限为分布在新疆地区的绿洲国家。当然在那个时候，人们只能基于手头现有的记载才可推断出上述结论，即西域地区孕育了如此众多的国家，并且那些记载肯定与我们现在看到的《汉书·西域传》关系十分密切。根据《后汉书·列传·西域传》里的记载，公元前6—5年间，原先的西域三十六国自相分割为五十余国，而且给出了非常确切的数字（五十五国）[1]。当时在西域产生了哪些新的国家，就这个问题我们在东汉编年史里未能找到答案，毕竟《后汉书·列传·西域传》的原始底本要追溯到很久以前，即公元前30年前后（参见§37）。因而在这里我们仅局限于对西域三十六国进行考量。如中国古籍文献里所言，这三十六个西域国家确实都位于匈奴以西和乌孙以南吗？如果对文献里述及的西域国家做一番统计，最终我们只清点出二十五个。这一问题借助《西域传》结尾部分得到了解答。依照该部分的描述，在所有归附中国的国家里都

（接上页）而是由东向北伸展，故而人们又将上述得数缩减为 6 000 里。这样做无可厚非，因为在计算直线距离时不应考虑路途的弯曲。但是以上计算方式的主要错误在于，文献里对于南道沿线上的一段路程（即从且末到精绝的距离）给出的距离参数为 1 300 里左右，这一数值明显偏大。

[1]　见《通报，或关于东亚历史、语言、地理和民族学的档案》，1907 年，第 155 页。

有由汉朝皇帝任命的官员①。如前所述（参见§35），鉴于此类官员在《后汉书·列传·西域传》描述的一众国家里都有详列，故而我们只需对相关国家连同少量设在西域地区的汉人国家的数量进行相加，便能够得出"三十六国"这一结果。

这样看来，当时对原始文献进行整理的相关编撰者按同一方法清点了西域地区国家的数量，然后将统计结果插入《西域传》的开篇部分。但是他没有考虑到，所谓的西域三十六国并非只局限在西域内部，个别国家也分布在与西域相邻的区域里。例如，乌孙国便是西域三十六国之一，显然《汉书·西域传》里所记载的"本三十六国，皆在匈奴之西，乌孙之南"并不符合这一事实。下文还将证明，准噶尔盆地南部地带也当属西域地区，甚至包括大宛国（今费尔干纳盆地）所在的地区。如此一来，我们便对当时汉朝势力所覆盖的广阔的西域地区有了大致的了解。基于以上认识，西域的边界可以被限定在什么位置，后来到了公元100年前后，相同的区域是否又处在中国人的控制之下，这些问题要到下文才能得到详尽的阐明。

暂且可以肯定的是，相比作为地形概念，作为政治概念的"西域"所包含的范围要大得多。在接下来的章节里我们主要探讨的是作为地形概念的西域，但是对研究方法的考虑也会促使我们连带讨论位于准噶尔盆地和伊塞克湖流域的国家以及西藏北部地区。总的来说我们的研究对象即是当时已为人们所熟悉的除帕米尔高原以外的中亚地区。其他隶属中国封建王朝统辖的国家应当在聚焦西亚和南亚的第二辑里加以论述。

---

① 见《英国和爱尔兰皇家人类学研究所杂志》，1882年，第113页。

第二章　地形地貌说明

§54. 鉴于当时中国人对西域地区国家的地理形态和地质构造缺乏更加深入的认识和了解，因此汉代编年史里没有一处记载说明西域腹地在很大程度上仍沙漠纵横，这也就不足为奇了。人们从中只是偶尔能够看到关于罗布泊地区沙漠特征的提示性话语。例如，《汉书·西域传》在描述鄯善国（今罗布泊）时曾经提到，该国土地多为沙石和盐渍所覆盖，因而只有少量田地可供耕种[1]。《汉书》里其他几处还曾提及沙丘，因其形状蜿蜒如龙，故名"白龙堆"[2]。针对《汉书·匈奴传》里所言"白龙堆"，三国时期曹魏著名学者孟康于公元3世纪在其《汉书音义》一书里专门有过评论[3]："龙堆形如土龙身，无头有尾，高大者二三丈（6—10米），埤者丈余（3米以上），皆东北向，相似也。"以上引文描述了沿东北向延伸的沙丘特征，它的北向迎风坡凸出而平缓，背风坡则凹入而较陡。根据汉代编年史的记

58

---

① 见《英国和爱尔兰皇家人类学研究所杂志》，1881年，第24页。

② 同上书，第26－27页（"Pih-lung mound"）；《英国和爱尔兰皇家人类学研究所杂志》，1882年，第109、114页（"dragon mound"）。

③ 见沙畹的译文，收录于《通报，或关于东亚历史、语言、地理和民族学的档案》，1905年，第530页，第1－3行。

载，这处蜿蜒如龙的沙丘位于罗布泊附近的某一区域，也就是在楼兰国的最东端，其都城经考证被确定在罗布泊沙漠以北地区（参见下文§58）；《汉书》在另一卷①里同时提到，白龙堆正好位于敦煌以西。据此看来，沙丘"白龙堆"的确切方位应在罗布泊沙漠东北地带，这一点将在下文另一处（参见§87第三段）得到确证。迄今，欧洲旅行者尚未涉足这一地带。

§55. 我们在前文探讨西域的边界（参见§52）时就已强调过，汉代编年史里明文记载，环绕西域的高大山脉由西向东绵延伸展，今天我们把那些大山称作天山和昆仑山。汉代编年史里甚至还有关于昆仑山东段一直延伸至内陆的记述，正如《汉书·西域传》里所言②："其南山，东出金城（今甘肃兰州），与汉南山属焉。"引文前半句指涉昆仑山，后半句毫无疑问指向的是祁连山。

流传下来的汉朝文献没有为那两大山系概括出专门的名称，其原因无疑在于，当时的确不曾有过与之相对应的特别命名。《汉书·西域传》里所记载的"南北大山"今天被冠以常用名称"昆仑山"和"天山"，但它们对于当时的中国人来说并不是陌生的，只不过它们被用于指涉相关山脉的不同分段而已③。

59　西汉编年史里的某些描述能够有助于我们加深对"天山"这一名称的印象，因为《汉书·西域传》以天山为坐标介绍了几个国家

---

① 参见沙畹的译文，译自《汉书》卷二十八《地理志》，收录于《通报，或关于东亚历史、语言、地理和民族学的档案》，1905年，第531页，第4—6行。

② 见《英国和爱尔兰皇家人类学研究所杂志》，1881年，第20页。

③ 马迦特（《莫西斯·索伦纳齐神父地理学视角下的萨珊王朝》，第318—319页）和沙畹（《司马迁〈史记〉》，第3卷，第643页）在对吕不韦（卒于公元前235年）的一处记载进行解释时并未注意到这一点。在吕不韦编撰的《吕氏春秋·古乐篇》里，"阮隃"和与昆仑相关的其他地理名称一并出现过。基于此，马迦特和沙畹得出结论，（见下页）

的地理位置，我们将在下文（参见§73）确定。这几个国家指的是位于准噶尔盆地南部边缘的西域国家。文献里的具体陈述如下[①]：

乌贪訾离国（今石河子附近）	位于	天山以西
蒲类国（今玛纳斯以西一带）	位于	天山以西
卑陆国（今乌鲁木齐附近）	位于	天山以东
西且弥国（今呼图壁和哈密之间）	位于	天山以东
东且弥国（今呼图壁和哈密之间）	位于	天山以东

根据上述文献记载，我们必须在玛纳斯绿洲偏南地带寻找天山的具体位置。事实上我们也的确在那一带找到了度斯梅干乌拉山，它是整个天山山系的最高峰之一。据说度斯梅干乌拉山的海拔达6 100米，在非常陡峭的北坡的衬托下高耸入云，而玛纳斯尽管距此只有60—70千米，其海拔高度却为区区480米[②]。因此，古代当地居民把这座拔地而起、高大巍峨的山峰称作"通天之山"也就不足为奇了。后来汉人开拓边疆并将这些地区纳入汉朝版图，它在汉语里才有了"天山"这一名称[③]。

今天我们知道，"昆仑"这一名称在远古时代就已存在。李希霍芬经考辨证实，"昆仑"一名在《禹贡》（成书于公元前2357—前

（接上页）认为中国人早在公元前3000年就肯定已经对塔里木盆地以南地区，或者更确切地说对后来的希腊-巴克特里亚王国有所了解。他们的这一观点不攻自破，因为正如他们自己假设的那样，昆仑山在古代从未指涉过塔里木盆地以南的大山。

① 见《英国和爱尔兰皇家人类学研究所杂志》，1882年，第102－104页。

② 见《施蒂勒手绘地图集》第62幅图（比例尺为1∶7 500 000）。

③ 巴尔库勒（今巴里坤）以南的天山支脉在《后汉书·班超传》里有一个特殊的名字即"白山"（见《通报，或关于东亚历史、语言、地理和民族学的档案》，1906年，第237页）。

720 年）里就已出现过。《禹贡》在描述雍州（今陕西和甘肃大部）的地理位置时也连带对"荒服"地区的纳贡情况做了如下说明[1]："织皮昆仑、析支、渠搜，西戎即叙"。由此李希霍芬不无道理地推断出，人们必须在青海湖和柴达木盆地周边山脉集中的地区探寻昆仑山的位置。借助《禹贡》里的另一处描写，人们可以准确判定昆仑山所在的地理位置，这一点我们通过司马迁的介绍已经有所了解[2]。因为司马迁在《史记》里明确记载："天子案古图书，名河所出山曰昆仑"，也就是说昆仑山即黄河的发源地。既然我们没有理由去怀疑这些最古老的论证的正确性，我们就必须将昆仑山确定为黄河的源头，也就是在北纬35°10′和东经95°—98°的区域，现代地形图在这个位置上并未标注特别的名称。

如果近代的中国文献同样将昆仑山描述为黄河的发源地[3]，那这明显是基于《禹贡》里的相关记载。因为早在公元前很长一段时期里，吐蕃人好像就不再习惯使用"昆仑"一名了，而汉人则在其著述里一再援引这一名称，却没能以新的、可靠的资料出处为依据[4]。在此汉代编年史似乎是个特例，虽然两汉时期（这一点并非无关紧要）人们可能对柴达木盆地和青海湖地区已经有所了解（参见§91），可是《汉书》和《后汉书》里却只字未提"昆仑"一名。

---

① 见李希霍芬，《中国》，第 1 卷，第 226 页。

② 见《亚洲学报》，第 2 卷，1828 年，第 449 页。

③ 德·兰斯，《中亚》（*L'Asie centrale*），巴黎，1889 年，第 134 - 135 页。

④ 人们在 O. 弗兰克（O. Franke）"从中国文献记载看中亚突厥人和斯基泰人"（Beitr. aus chines. Quellen zur Kenntnis der Türkvölker u. Skythen Zentralasiens）一文中能够找到一系列这方面的证据［见《普鲁士王国柏林科学院论文集》（哲学-历史学部分），第 1 卷，1904 年，第 34 - 36 页，该卷主要收录了非柏林科学院成员的论文］。这些证据同时表明，有时各种观点是多么交错杂陈、含混不清。

而在记录唐代（公元618—906年）历史的编年史《唐书》里，这一名称再次出现。此外，《新唐书·吐蕃传下》里提到唐王朝曾遣使考察西藏腹地，据说使节团刚一渡过黄河上游便看到了以下情景[①]："其南三百里三山，中高而四下，曰紫山，直大羊同（西藏北部部落）国，古所谓昆仑者也，虏曰闷摩黎山，东距长安（今西安府）五千里。"以上对昆仑山具体方位的描述可谓再精确不过了。但是这些信息同时表明（这对我们来说是最重要的），当时吐蕃人已不再熟悉"昆仑"这一名称了。虽说该名称后来实际上已变得完全无关紧要，但若不是它在中国古代文献里一再出现，恐怕它永远也不会为欧洲文献所收录。

---

① 德语译文根据卜士礼的英译转译，见《皇家亚洲学会会刊》，第12卷，1888年，第519－520页。

第三章　水文地理说明

§56. 古代中国的文献只记述了少量关于西域地区水文地理方面的信息，因而先前学者在整理加工原始资料时对此类信息并未予以特别关注。可是事到如今，过去几年考察旅行的结果已经显示，相比古代，今天塔里木盆地因沙化和河床迁移早已面目全非，因此我们不能完全忽略古代文献里的相关记载。此外对于古代居民点和连接那些居民点的道路的地理位置及重要性，我们也不可能获得大致正确的认识，因为对此起决定性作用的首先是灌溉条件。当然，在目前情况下，我们需要在古代文献记载和人们最近考察、旅行中观察到的当地水文地理方面的一些重要变化之间不断进行比较，通过这种方式我们最容易、最可望得到确切的结果。这是我们在下文中应当尝试去做的。同时，了解古代文献本身对事物的描述也并非无趣之事。

第一节　河流（塔里木河）

§57. 张骞记载的关于西域诸国水文地理方面的一般情况。§58—59. 张骞和汉代编年史所描述的塔里木河；塔里木河古今流向偏差。§60. 所谓塔里木河和黄河之间的关联。

§57. 张骞伟大的"凿空"之旅发生在公元前 139—前 127 年，他对于西域诸国水文地理方面的一般情况的见解大体上仍非常模糊。《史记·大宛列传》里记载，张骞结束西域之行，回朝后对汉武帝作过如下描述[1]："于阗（今和田）之西，则水皆西流注西海；其东，水东流注盐泽，盐泽潜行地下。"由此可见，张骞并未像人们通常所认为的那样，将相关河流的分水岭确定在帕米尔山区，而是将之定位在和田地区。张骞认为和田以西的河流皆向西注入西海，以东的河流则向东注入盐泽。后来希尔特[2]准确地将"西海"识别为今天的波斯湾，而"盐泽"则早已被鉴别为汉朝时期的罗布泊。

§58. 张骞在他的描述中继续说道："其南（即于阗之南），则河源出焉，多玉石，河注中国。而楼兰、姑师邑有城郭，临盐泽。盐泽去长安可五千里。"[3]显然，张骞作为旅行者对"流域多产玉石"之类的信息有更好的了解，因为以下地理情况很容易被断定：张骞所记述的"河源"即于阗河（今名和田河）的源头。于阗河流域地区以盛产玉石闻名，其中包括天然玉石、软玉和青玉，这一点从今天在和田附近交汇的和田河的两条支流的名称上便可看出，它们分别是喀拉喀什河（乌玉河）和玉龙喀什河（白玉河）。很明显，张骞所说的"河注中国"暗示出塔里木河向东流淌的河道。张骞先前的描述已然证实，塔里木河向东注入盐泽，也就是当时的罗布泊，而楼兰国和姑师国就分布在罗布泊附近。斯文·赫定于 1901 年 3 月在罗布泊沙漠进

---

① 见《亚洲学报》，第 2 卷，1828 年，第 422 页。
② 希尔特，《中国和罗马人的东方》，第 146–147 页。
③ 此段部分译文由沙畹重新译出，见《通报，或关于东亚历史、语言、地理和民族学的档案》，1905 年，第 533 页注释 1，第 6–7 行。

行了多次科学考察，从那以后我们就清楚了楼兰古国的地理位置。今天我们知道，楼兰遗址的地理坐标为北纬 40° 31′ 34″ 和东经 89° 50′53″[①]。

张骞通过旅行考察得知，一条较大的河流标识出了西域诸国的东部边界，它就是今天的塔里木河。塔里木河被认为发源于和田以南地区，最后流入所谓的大盐泽，也就是当时的罗布泊。但是塔里木河的大部分水量并非来自和田河，而是源于喀什噶尔河，且主要源自叶尔羌河，因此后两条河流才是塔里木河真正的源流，对此出使西域的旅行者张骞并不了解，因为当时他把和田以西地区划归那些最终注入波斯湾的河流的流域。

值得注意的是，张骞在自己的记述中并未给人们今天所知的塔里木河冠以特别的名称，下文我们还将看到，它在汉代编年史里也被简单地称作"河流"。由此我们可以推断，当时人们只是习惯于用"河流"这一统称来描述塔里木河；鉴于在塔里木盆地内部不存在其他较大的河流，当地民众也就没有理由再给这条在塔里木盆地流淌的唯一河流起一个特殊的名字了。我们之所以在此特别强调这一点，是因为迄今为止人们对"河流"这一名称的应用有着完全不同的解读方式。下文在解释了汉代编年史中的相关记载之后，我们将会专门探讨这个问题。

§59. 《汉书·西域传》对于塔里木河已有更为深刻的认识，它

---

① 赫定，《1899—1902 年中亚科学考察成果》，《地图集》第 2 册第 51 幅（比例尺为 1∶200 000），斯德哥尔摩，1907 年。更多信息参考§85。

对塔里木河的描述如下①："中央（西域中央）有河……其河有两原：一出葱岭（帕米尔高原等地区）山，一出于阗（今和田）。于阗在南山下，其河北流，与葱岭河合，东注蒲昌海。蒲昌海，一名盐泽者也（下文将详细描述古代罗布泊，参见§62）……其水亭居，冬夏不增减，皆以为潜行地下，南出于积石（今兰州以西积石山②），为中国河③（即中国的黄河）云。"《后汉书·列传·西域传》里关于塔里木河的记载与《汉书·西域传》里的描述如出一辙，只是缺少了最后一句"其水亭居，冬夏不增减，皆以为潜行地下……"

　　我们需要对以上描述做深入细致的解释。我们重新将塔里木河的一条源流认定为和田河，然而奇怪的是，根据文献记载和田河并非像事实情况那样源自和田以南的深山地区，而是应当发源于南山脚下。至于塔里木河的另一条源流，人们一般都把它看作喀什噶尔河，但是人们同样可以将它判定为塔里木河的主要源流叶尔羌河。文献里到底指的是哪条河流，对此我们仍不得而知。尽管《汉书·西域传》里提到一条出自葱岭的源流，对此张骞在他的记述中没能报道这一点，但是上述文献又在另一处逐字复述了张骞的错误信息，即和田以西的所有河流最终都注入波斯湾（"于阗之西，水皆西流，注西海"）④。　64

---

　　①　见《英国和爱尔兰皇家人类学研究所杂志》，1881年，第20–21页。伟烈亚力的英语译文在个别地方欠准确，例如，他将"这条河流"译成"一条河流"，将"蒲昌湖"译为"罗布湖"。人们可将伟烈亚力的译文与沙畹对《后汉书》中相关描述的翻译（见《通报，或关于东亚历史、语言、地理和民族学的档案》，1907年，第168–169页）进行比较。

　　②　见李希霍芬，《中国》，第1卷，第318页。

　　③　伟烈亚力在其英语译文里使用了"China"一词。当然，《汉书·西域传》里已经包含了"中国"这一常用的表述形式。

　　④　此处引言包含在《汉书·西域传》描述于阗国（今和田）的段落里。参见《英国和爱尔兰皇家人类学研究所杂志》，1881年，第30页。

　　汉代编年史里有一句评论对我们来说非常重要，即认为各条源流在交汇之后，塔里木河便一路向东流淌，直至注入蒲昌海（古代罗布泊）。就目前来看，这一评述总体上仅适合塔里木河中游河段截至卡拉乌尔村的流向。从那里开始，今天的塔里木河转向东南，不久后甚至向南流淌，只是在距离注入罗布泊不远的地方才调整为东向和偏东北方向。仅是这一考量就已经说明，塔里木河下游河段在两汉时期肯定流经的是不同于今天的河床，该河道可能始终或多或少保留了卡拉乌尔村之前河段向东流淌的流向。这一点已经由赫定经实地考察证实。总的来说，通过赫定的考察研究，我们知悉了塔里木河经常改道的详细情况①。从赫定的考察出发，根据河岸植被的生长年龄和茂密程度可以确定，虽然塔里木河河段漫长，今天的河流主要由两条支流在卡拉乌尔村汇流而成，但在古代，塔里木河可能仅仅流经北向支流，即渭干河②；然而为了像上文提到的那样继续向东流淌，当时它肯定在卡拉乌尔村上游不远处就已经偏离了今天的河床。起初它在今天的车尔臣河或者英奇克河的河床里流淌了40—50千米，之后又沿库鲁克塔格山南麓的现今已干涸的库鲁克河（维吾尔语意为"干河"）河床流淌，直至注入罗布泊③。当然，塔里木河也流经了前文提到过的楼兰古城，因为整个楼兰城周边区域都是干旱的沙漠地带，如果没有河水的滋养楼兰国根本不可能存在。出于同一原因，塔里木

---

　　①　赫定，《1899—1902 年中亚科学考察成果》之《卷一：塔里木河》（*Scientific Results Etc. Vol. I: The Tarim River*），斯德哥尔摩，1904 年。

　　②　赫定，引文出处同上，第155页。

　　③　赫定，《1899—1902 年中亚科学考察成果》之《卷二：罗布淖尔》（*Scientific Results Etc. Vol. II: Lop-nor*），斯德哥尔摩，1905 年，第203页。

河河水肯定也灌溉过邻近的姑师国①（参见前文§58）。正如张骞所报道的那样，楼兰和姑师这两个地方都位于盐泽（即罗布泊）附近，但它们几乎不可能同时分布在塔里木河的同一侧。因为下文将会表明，连接楼兰国和姑师国的古丝绸之路并非沿塔里木河延伸，而是横跨了塔里木河。因此我们可以认为，塔里木河在距离注入盐泽不远处的地方构成了两条支流，楼兰国和姑师国可能分别坐落在南、北两条支流的河畔。

§60. 根据《汉书》相关记载，当时的罗布泊并非塔里木河的终点，而是从罗布泊开始塔里木河继续在地下流淌，然后于兰州以西地势较高处作为中国的黄河再次涌出。这样看来，塔里木河在某种程度上被视为黄河的上游源头。这种看法非常奇特，对此人们给出了不同的解释，后来它也在中国的地形图上得到了展示②。

在李特尔生活的年代，人们都把中亚假定为人类的发源地，因为这种假说以一般形式在古代东方广为流传，李特尔本人也认同内陆亚洲是人类最初的家园的观点，对此他认为，该假说要归结为"围绕共同的中亚人类早期思想的一致性和民族起源的同一性"。当然今天这种富有才智的解释已经失去了其合理性。艾德（Eitel）声称，这一古老的见解实为中国佛教僧侣刻意编造的谎言③，但是他没有注意到，那一观点产生的年代正值佛教在中国尚未立足之时。

塔里木河是否为黄河的源头？沙畹离揭开这一谜团又近了一步，

---

① 人们不能将这里所说的姑师国与前文提及的车师国相混淆，后者的都城位于吐鲁番地区（参见下文§67）。

② 李特尔，《亚洲》，第3卷（*Asien Ⅲ*），柏林，1834年，第493-495页。

③ 见《皇家亚洲学会北华支会会刊（1869—1870）》（*JNorth China Branch AsiatS 1869-70*），第45-51页。

他断言这一奇怪的假设是由张骞最早在收集整理西域地区的地理信息时提出的①。沙畹在此聚焦的是前文§57引用过的《史记·大宛列传》里记载的中国旅行者张骞的报道："于阗之西，则水皆西流注西海，其东，水东流注盐泽，盐泽潜行地下。其南则河源出焉……"如果将"其南"中的"其"字理解为"盐泽"，"其南"即为"盐泽以南"，此外，如果注意到中国人在古代干脆将"黄河"简称为"河"，那么人们必定会从张骞的记述中推断出，盐泽之水没入地下，在盐泽以南又作为中国的黄河重新涌出地面。沙畹和其他译者②之所以会对张骞的记述做出这样的解读，主要是因为这一思想同时在《汉书》里被表达了出来。但是我们在这里探讨的问题具有完全不同的性质。张骞的那番描述指涉的根本不是黄河，而是塔里木河，因为他所说的河流并非像人们从他的话里推断的那样源出盐泽以南，而是发源于于阗（今和田）之南。若是将他先前（参见§57）和之后（参见§58）所说的两段话联系起来加以看待，则他的描述清晰地向我们证明了这一点。

    中国人认为，塔里木河在某种程度上可以说构成了黄河的上游源头，这一观点只能归结为他们完全误解了张骞的相关描述。这种错误

---

    ① 沙畹，《司马迁〈史记〉》，第1卷，巴黎，1895年，第72章。

    ② 见布罗塞，《亚洲学报》，第2卷，1828年，第422页；伟烈亚力，《英国和爱尔兰皇家人类学研究所杂志》，1881年，第30页；金斯密尔，《皇家亚洲学会会刊》，1882年，第79页；弗兰克，《中国文献里对于突厥诸族和中亚塞西安人的相关记载》，1904年，第36页。很明显，布罗塞相对而言最为准确地再现了张骞的记述："……咸海（注：罗布泊）迷失于地下。（另起一段继续）它的南部是河流的源头（注：此处'河流'指的是黄河，意为'黄色的大河'）"。相反，伟烈亚力将之翻译成："……盐沼（罗布泊），黄河的源头即发端于此。"我们读到的金斯密尔的译文是："……幼泽（盐沼，后来又被称作咸水，也就是罗布泊）据说在地下流淌，后成为黄河的源头。"弗兰克在其译文中也表达了相同的思想："罗布淖尔在地下流淌，但黄河的源流在罗布淖尔以南又涌出地面。"

的认识肯定是在张骞出使西域归来、向汉武帝呈递他的旅行报告后不久便形成了，而且很有可能要源自武帝本人。这一点从司马迁《史记·大宛列传》里的如下记述便可看出[①]："而汉使穷河源（公元前105 年左右），河源出于窴（今和田），其山多玉石，采来，天子案古图书[②]，名河所出山曰昆仑云。"从上述记载可知，汉使西域报告里所指的是和田河的源头，而古书里记载的却是黄河的源头（见前文第 59 - 60 页）。可是因为同一名称"河"出现了两次，故而汉武帝从一开始便认为它是同一条河流，即黄河的源流。当时汉人对西域地区的认识尚非常模糊，这也在无形中助长了上述错误的产生。由于宫廷史学家不允许随意评判当权者的观点，因此我们也就能够理解，尽管在那之后人们对西域的情况有了更为全面的了解，但班固在编撰《汉书》时仍将塔里木河和黄河相提并论。

　　在此我们只需对关于源流地理位置的信息做一番评论。司马迁在《史记·大宛列传》结尾处提出了一个问题（"今自张骞使大夏之后也，穷河源，恶睹《本纪》所谓昆仑者乎？"），质疑汉使新近发现的河流即和田河的发源地是否真的与《禹贡》里记载的昆仑山（也可参见前文第 59 - 60 页）相一致[③]。对于司马迁的上述质疑有人这样妄自评论："汉使为何要在昆仑山探寻黄河的源头？根据《尚书》（又称《书经》）记载，大禹自积石山始开凿黄河的河道，据此黄河

67

---

①　参见布罗塞（引文出处同上，第 437 页）、伟烈亚力（引文出处同上，第 71 - 72页）和金斯密尔（引文出处同上，第 92 页）的译文，他们的译文彼此出入很大。我在这里主要依据布罗塞的翻译。

②　此处布罗塞的翻译是："天子检查古代地图，发现……"；伟烈亚力的译文是："皇帝查阅了一条著名河流的古代水文图，从中他发现……"；最后是金斯密尔的翻译："皇帝检查古代地图和书籍，得知……"。

③　见《亚洲学报》，第 2 卷，1828 年，第 449 - 450 页。

的源头应在金城（今兰州）附近的积石山和积石峡谷，而非在昆仑山。"这样的推论何等幼稚！但该推论对这位评论家而言却极不费事，因为现在他自认为确定了黄河之水在盐泽没入地下流淌之后又重新涌出地面的确切地点。而恰好是在大积石山，也就是今天的阿尼玛卿山，汹涌的黄河之水呈澎湃之势从山涧奔腾而出，以至于司马迁很容易想到在那儿蕴藏着一股巨大的地下源流。西汉编年史里记载的塔里木河与黄河同宗同源的奇特观点，不过是沿用了前人对于黄河源头的假设而已。

　　所有这一切都仅仅基于不经意间的误解和恣意推断，因为根据《汉书·西域传》里的记载，塔里木河从罗布泊开始在地下流淌，然后于兰州以西地势较高处再次涌出地面，从那里起它被称作黄河。没过多久，人们似乎对这种说法产生了更大的怀疑，因为《后汉书·列传·西域传》里删除了先前的相关字句，只逐字重复了关于塔里木河的其他描述。

第二节　盐泽（古代的罗布泊）

> §61. 赫定在罗布沙漠发现的古代湖盆。§62. 针对赫定和亨廷顿关于汉代罗布泊地理位置的看法提出的异议。§63. 根据汉代编年史记载以及科兹洛夫和亨廷顿的旅行考察，确定古代罗布泊的地理位置和面积大小。

　　§61. 李希霍芬于 1878 年尝试说明，相比 1877 年俄国著名旅行探险家普尔热瓦尔斯基（Prschewalskij）发现的罗布泊，中国地形图（《大清一统舆图》）上描绘的罗布泊肯定要位于更加偏北的地方。

同时，普尔热瓦尔斯基还认为，罗布泊现在被当地人称作喀拉库顺湖（Karakoschun），并且是一座淡水湖①。李希霍芬的观点遭到普尔热瓦尔斯基本人以及后来他的学生科兹洛夫（Koslow）的不断攻击，然而众所周知的是，赫定分别于 1900 年和 1901 年进行了两次深入的实地考察，证明了李希霍芬的看法是完全正确的。

因为如前所述（参见第 64 页），赫定首先确定库鲁克河的河床过去可能仅是塔里木河因改道而遗弃的河道。但是关键之处在于，赫定能够详细证实，就在楼兰古城西南偏南的地方存在一处如今已经干涸的湖泊，该处湖泊当初肯定吸收了塔里木河原先河道里的流水②。

赫定在第二次穿越塔里木盆地时甚至使用了水准仪对不同观测点之间的高程差进行测量，在所有新获取的地理信息当中，特别是他在第二次考察中的测量结果，使我们对罗布泊地区有了清晰的认识③。仅是 1 米的高度差就足以引起他的高度重视，毕竟整个罗布沙漠的海拔高度一般只在 810—830 米波动。只在两个地方测得的数值低于上述区间。整个塔里木盆地地势最低的观测点位于楼兰东北偏北方向

---

① 李希霍芬，"对沙俄中校普尔热瓦尔斯基前往罗布泊和阿尔金山旅行考察结果的评论"（Bemerkungen zu den Ergebnissen von Oberstleutnant von Prjewalski's Reise nach dem Lopnor und Altyn-tagh），见《柏林地理学会研讨》，1878 年，第 121 – 123 页；《彼德曼地理通报》（PM），1878 年，第 313 – 315 页。特别参见赫定，《1899—1902 年中亚科学考察成果》，第 2 卷，第 257 – 367 页（"关于罗布泊问题"）。

② 同上，第 63 – 66、576 – 578 页。同样还可参见《亚洲腹地探险》（Im Herzen von Asien），第 2 卷，莱比锡，1903 年，第 131 页。

③ 赫定，《1899— 1902 年中亚科学考察成果》，《地图集》第 1 册第 20 – 24 幅；《地图集》第 2 册第 51 – 53 幅（比例尺为 1∶100 000 和 1∶200 000）。同上，第 2 卷，第 576 – 584 页（"低洼的塔里木盆地和库鲁克河之间的高程关系"）（Hypsometrical relations of lower Tarim basin and of Kuruk-darja），包括《地图集》第 2 册第 59 幅图（比例尺为 1∶1 000 000）。

20—25 千米处，它的海拔高度为 788 米，可能处在一块孤立的小盆地里。第二个低位势观测点的海拔高度为 808 米，到此为止迄今在楼兰西南偏南处测定的古罗布泊湖底的高度一直呈下降趋势，而楼兰古城则高出湖底逾 10 米。按照赫定的说法，就跟今天的喀拉库顺湖一样，古罗布泊的海拔高度也为 815 米，换言之，它要比楼兰所处的位置低 3 米①。

§62. 赫定认为，楼兰附近发现的湖盆既吸收过古罗布泊（其位置参见 1863 年在武昌府绘制的《大清一统舆图》）的流水，又在古代受到司马迁笔下所谓盐泽的滋润②。但是令人感到奇怪的是，赫定在关于自己科学考察成果的巨著（《1899—1902 年中亚科学考察成果》）里却完全忽视了《汉书》里的相关记载，尽管他在其旅行报告《亚洲腹地探险》里引用过相关描述③。

我们在这里要探讨的仍然是《汉书·西域传》里的相关描述④："蒲昌（意即"茎秆抽芽"⑤）海，一名盐泽者也，去玉门、阳关三百余里，广袤三四百里。其水亭居，冬夏不增减。"相比赫定的旅行考察，人们从上述文献记载里得出了完全不同的结论。因为根据《汉书》里的描述，蒲昌海（今新疆东部的罗布泊）距离玉门关和阳关应该有 300 多里，而同一文献里也有明文可考，玉门关和阳关就在

①　见赫定，引文出处同上，第 2 卷，包括第 37 幅图"穿过罗布沙漠的测线剖面图"（Profile of measured line through the Desert of Lop）（比例尺为 1∶200 000，2 000 倍倾斜）。

②　见赫定，引文出处同上，第 2 卷，第 263 - 264 页。

③　见赫定，《亚洲腹地探险》，第 2 卷，第 97 页。

④　见《英国和爱尔兰皇家人类学研究所杂志》，1881 年，第 21 页。

⑤　这一解释源自乔治·马戛尔尼（George Macartney）在其"中国史料对楼兰或鄯善古国的评论"（Notices from Chinese sources on the ancient kingdom of Lau-lan or Shen-shen）（《地理杂志》，第 21 卷，1903 年，第 261 页）一文中的翻译。

敦煌（沙州）以西不远的地方，这样我们就必须将罗布泊的位置越过楼兰所在的经线向东推移。赫定认为司马迁笔下的盐泽曾经为由他发现的湖盆提供过水源。他的这一观点是无法被接受的。

中国文献里的记述是可以信赖的，这一点在 1905 年得到了证实，当时人们发现在楼兰古城以东的确存在一处现已经干涸的盐湖。美国地文学家埃尔斯沃思·亨廷顿（Ellsworth Huntington）穿越了罗布沙漠里这片迄今几乎不为人所知的地块，他从楼兰所在的经线开始，大致沿偏东 1°的方向行进，在大约 80 千米长的路段上发现了这处掺杂大量盐渍的沙质土壤①。亨廷顿好像没有着手开展任何高程测量或者其他科学观察，因此也就缺少一种详细绘制的地形图以说明他所发现的这片地区。

亨廷顿先是在两篇文章②里，继而在他的游记《亚洲的脉搏》里详细探讨了这一重大发现，遗憾的是无论从何种角度来看，他的论述都缺乏批判性或过于肤浅。鉴于篇幅有限，在此只简明扼要地加以说明。

在《亚洲的脉搏》一书里，亨廷顿想基于个人考察提供证据，证明中亚从古至今都在经历缓慢的干旱化过程，他也想从罗布泊的游移中证实这一点。但是他的论证却给人一种印象，仿佛他把在此想要证明的结果已然默认为先决条件，否则他几乎不可能产生那种

---

① 亨廷顿，《亚洲的脉搏》（*The Pulse of Asia*），伦敦，1907 年，第 239 - 261 页。迄今对此书的评论［见《美国地理学会通报》（*Bulletin of the American Geogr. Soc.*），1908 年，第 252 - 254 页；《地理杂志》，第 33 卷，1909 年，第 490 - 491 页；《彼德曼地理通报》，1909 年，"参考文献"，第 800 页］皆非常友善，却忽略了对个别重要问题如罗布泊问题进行批判性研究。

② 见《地理杂志》第 29 卷，1907 年，第 674 页；《美国地理学会通报》，1907 年，第 136 - 138 页。

稀奇古怪的想法，即宣称由他发现的古代湖盆再加上楼兰西南偏南处的湖盆和喀拉库顺湖流域，它们在大约 2 000 年前共同构成了一片"大盐湖"，后来喀拉库顺湖经历了几次变化，也就是最终演变成一片淡水湖，那片盐湖随着时间的推移逐渐萎缩直至消失！为此他展示了自己重构出的盐湖的形状，比如它的东南侧比北侧要高出 30—40 米①！

亨廷顿在书里继续写道，在公元后最初的几百年里，罗布泊据说只浇灌了楼兰以西的两处湖盆。为此他直接说明的唯一原因便是，罗布泊在当时被称作"大盐湖"。也就是说在这里起决定性作用的只是"大"这个形容词。亨廷顿没有向我们提供过任何证据，证明中国的文献里曾经有过这方面的记载②。这一点足以说明问题，因此我们也就没有必要进一步反驳他的观点了。

71   §63. 在这种情况下，只有从迄今相关的研究出发，特别是基于高程的测量，同时以汉代编年史记载为依据，我们才能得出客观可信的研究成果。首先我们必须回答古罗布泊的海拔高度这一问题。根据赫定绘制的地形图，古代塔里木河在邻近楼兰的地方不再向东流

---

① 这是将亨廷顿的地形图（比例尺为 1∶5 643 000）和赫定的高程标绘图（比例尺为 1∶1 000 000，引文出处同上，第 2 册第 59 幅图）进行比较的结果，亨廷顿自称在自己的研究中参考了赫定的作品（见《亚洲的脉搏》，第 12 章）。

② 《亚洲的脉搏》，第 283 - 284 页。从《亚洲的脉搏》一书的"参考文献"里可以看出，在所有中国古代文献当中，亨廷顿只参考了《汉书》里的相关内容，而且是源自马夏尔尼的一篇节选译文（见《地理杂志》，第 21 卷，1903 年，第 260 - 262 页）。但是这篇译文只字未提亨廷顿所说的"大盐湖"，而是仅仅提到"盐泽"一名，这与伟烈亚力的翻译一样，与汉代编年史里的记载完全一致。据我们所知，除汉代编年史和司马迁的《史记》之外，再无其他中国古代文献在介绍西域地区的情况时提到过盐湖或者盐泽，如果不是碰巧援引上述文献的话。

淌，而是几乎转向东南方向。因为我们可以假定，塔里木河接下来
会一直保持东南流向，此外也因为就在楼兰以南，地势沿赫定所发
现的湖盆方向逐渐降低，故而我们可以在楼兰西南或者西南偏西
20—30 千米处寻找塔里木河注入古罗布泊的汇入口。换言之，古
代盐泽的海拔高度要比楼兰的高度（818 米）低几米。认为古罗布
泊具有与喀拉库顺湖相同的海拔高度即 815 米，这对我们来说或许
是最为正确的估算。

　　从以上前提出发，我们就不难确定古罗布泊南端的具体位置了。
在喀拉库顺湖南岸以及东北偏东的几个居民点，俄国探险家科兹洛夫
测得了以下高度①：

库沙兰查（Koschalantss）　　　　　　852 米

库拉特布拉克（Koratbulak）　　　　　835 米

塔提克–楚杜克（Taltik-chuduk）　　　832 米

在我们看来古罗布泊的海拔高度仅有 815 米，因此它的湖岸尚不可能
与上述居民点发生接触。同时塔提克–楚杜克也位于库鲁克河南岸，
那么从这里计算，古罗布泊便不再位于偏北而是应当位于偏西的地方
了。由此也可得出结论，古罗布泊的南北跨度在东面方向上肯定在逐
渐减小。随之产生的结果便是，汉代编年史里的描述（"广袤三四百
里"）仅涉及古罗布泊的北端和西端。

　　这样看来古代文献中的描述非常契合真实情况。如果我们认为古
罗布泊的西岸位于东经 90°20′的位置，那么它的东端应当距此 300 里
（约合 120 千米），也就是说可以被确定在东经 91°45′的地方，即在

72

---

　　①　在此参考的是赫定的文章节选（引文出处同上，第 2 卷，第 579 页），并将原文
数据统统加高了 24 米，因为科兹洛夫给出的喀拉库顺湖的海拔高度不是 815 米，而是
791 米。

刚刚提到的塔提克–楚杜克村（海拔高度 832 米）以西 40—50 千米处①。对我们而言，现在剩余的问题仅是确定古罗布泊北岸的走向了。既然古罗布泊西岸的南端可以被确定在东经 90°20′ 和北纬 39°45′ 的地方，我们就必须在距此 300 里（约合 120 千米）处，或者向北跨越一个纬度的地方，也就是在超越楼兰所在纬度 25—30 千米处寻找古罗布泊的北端。从北端观测点开始，古罗布泊湖岸似乎继续向东延伸，因为在它的北侧库鲁克河也在同向流淌。随后我们也来到那一位置，在那儿亨廷顿于 1905 年发现了一处覆盖有一层盐渍的湖底的北部边界②。综上，汉代编年史里的相关信息与人们在罗布泊实地开展的现代科学考察的结果完全吻合。因此我们完全有理由认为，由我们所描绘的古代湖泊基本上符合历史上罗布泊的真实情况。

对以上所有陈述做一番归纳总结，我们便会得出以下结论：在喀拉库顺湖湖盆东北偏东的位置，以及在赫定认为的古罗布泊湖盆以东地区，还延伸着一处面积更大的湖盆，它在汉朝统治时期（正如《汉书·西域传》里"盐泽"一名所证明的那样）以及在此之前的几百年间一直吸收着塔里木河的河水。这处最古老的罗布泊在汉代编年史里被称作"蒲昌海"和"盐泽"，其形状大致是一个等腰三角形。该三角形从西南偏西沿东北偏东方向延伸的底边可能长约 160 千米，其两腰的长度大概均为 170 千米。由此便得出一块大约 9 000—10 000 平方千米的面积，这要比喀拉库顺湖的面积（2 500 平方千米）大三倍多。

---

① 根据罗布泊地区各高程点之间的一般关系，古罗布泊西岸不可能直接由北向南，而是从东北偏北沿西南偏南方向延伸，如此一来古罗布泊的东端必定是在接近东经 92° 的地方。

② 参见亨廷顿的地形图，引文出处同上（比例尺为 1：5 643 000）。

当然，造成以上面积差异的首要原因是塔里木河下游在古代只流经一处河床，也就是由现在库鲁克河的河床注入盐泽，而今天的塔里木河在卡拉乌尔河下游有自己新的河道，并因为沿途所生成的大量支流和沼泽而丧失了大部分水量。例如，按照赫定的测量，介于北纬40°10′和40°30′之间的那些小湖泊（玛尔塔克湖、卡拉湖、阿尔卡湖）总计拥有的水量大致相当于喀拉库顺湖的面积大小①。

第三节　其他水域②

§64. 车尔臣河的古代河道及其尾闾湖的位置。§65. 位于焉耆（喀喇沙尔）附近的湖泊。§66. 蒲类海和秦海。

§64. 塔里木河及其尾闾湖的游移通常也导致了一些重要的地理变化。今天在距离塔里木河流入喀拉库顺湖不远的地方，车尔臣河与塔里木河的新河道交汇；而在汉代时期，车尔臣河并未触及塔里木河的古河道。

那么我们要在何处找寻车尔臣河的古代终端湖呢？汉代编年史里没有任何暗示车尔臣河的记载，相反现代科学考察却给我们提供了相当可靠的线索。首先是罗伯洛夫斯基（Roborowskij）与赫定分别于1890 年和1896 年证实，车尔臣河下游从 18 世纪初开始才有了今天

---

① 见《彼德曼地理通报》（增刊），第 131 期，1900 年，第 167 页。经过观察，斯坦因认为这种情况并非不可能发生，即疏勒河在古代也曾流入盐泽东段，而今天该河大部分注入敦煌附近的哈拉诺尔湖［见《地理杂志》，第 34 卷，1909 年，第 32 页；《维也纳皇家地理学会通报》（*Mitt. d. k. k. Geogr. Ges. Wien*），1909 年，第 304 页］。

② 有关克里雅河的古代流向，参见 §81。

的河床①。这一结论部分是依据实地观察，部分也基于当地原始居民的讲述。根据罗伯洛夫斯基的考察，人们必须在今天车尔臣河河口以北大约 60 千米的地方寻找其古代河床；按照赫定的观点，车尔臣河随后继续向东注入同一片古罗布泊，后者位于喀拉库顺湖西端以北约 40 千米处，当时也被塔里木河的一条古代河道灌溉。今天证实的 200 年前的情况，对于汉代时期而言也应当具有决定性意义，区别仅仅在于，当时车尔臣河是唯一一注入迄今已勘测过的古罗布泊的河流，因此古罗布泊只可能拥有很小的规模。

74　　　现在问题在于，车尔臣河的古代河床是在何处偏离它今天的河道的？之前，赫定认为扎滚鲁克下端不远处是车尔臣河古河道的起点，扎滚鲁克是距离车尔臣绿洲东北方向仅 60 千米远的一个小村庄②。根据这一信息，车尔臣河的古代河床在如 B. 哈森斯坦（B. Hassenstein）的地形图（比例尺为 1∶1 000 000）和《施蒂勒手绘地图集》第 62 幅图（第 9 版，比例尺为 1∶7 500 000）上得到了描绘。后来，赫定将车尔臣河古河道的起点又继续向下游推移了一些，因为 1900 年当他在那里进行详细考察时，他在勒恰萨特玛（Leschkär-sattma）附近看到从车尔臣通往瓦石峡的道路越过了车尔臣河，并在那儿发现了一处分岔的古河床，这一位于车尔臣河下游流域的古河床距离上一起点同样为 60 千米③。对于赫定探明的两处车尔臣河古代河道，我们应当从中选定哪一处位置，在此暂且不做讨论。至少截至勒恰萨特玛，车尔臣河的古河床与它今天的河道偏离的

---

① 见《彼德曼地理通报》（增刊），第 131 期，1900 年，第 139 - 141 页。
② 引文出处同上，第 176 页。
③ 见赫定，《1899—1902 年中亚科学考察成果》，第 1 卷，第 383 - 384、887、391 - 392 页。参见《地图集》，第 1 册，第 16、17 幅图。

幅度很小，这一点将在下文（参见§84）探讨唐代（公元618—906年）编年史中的相关记载时得到明证。

§65. 至于西域地区的其他水域，中国的古代文献只对喀喇沙尔附近的博斯腾湖做过特别描述。我们在此简短引用《汉书·西域传》里的评论[1]："近（此处指临近焉耆国，即喀喇沙尔）海水多鱼"。直到今天，博斯腾湖仍然以鱼类资源丰富而著称[2]。更为详尽的有关博斯腾湖水域面积的信息出自《后汉书·列传·西域传》[3]："其国（指焉耆国）四面有大山，与龟兹（今库车）相连……有海水曲入四山之内，周匝其城（指喀喇沙尔）三十余里。"以上最后一句记载的情况表明，博斯腾湖在汉代不会比今天拥有更大的规模。因为如果把潮湿泥泞的湖岸地带连带计算在内，今天喀喇沙尔和博斯腾湖之间的最短距离仅有大约5千米；从喀喇沙尔到同名河流喀喇沙尔河河口的距离约为16千米，这一数值应该能够与《后汉书》里"三十余里"的描述相符。

§66. 艾丁湖因海拔低于海平面130米而闻名，但它在汉代编年 75 史里却没有任何记载。《后汉书·列传·西域传》里偶尔提到的蒲类海和秦海位于西域东北角。蒲类海在此特别值得一提，因为公元73年，东汉将领班超在蒲类海附近大败匈奴，取得了军事上的决定性胜利[4]。如今人们已经鉴别，蒲类海就是今天的巴里坤湖（Bar-kul）。两汉时期，匈奴人似乎很乐意取道蒲类海和秦海周边区域侵犯汉境。例如，公元123年，敦煌太守张珰就向汉安帝上书，抱怨北匈奴呼衍

---

① 见《英国和爱尔兰皇家人类学研究所杂志》，1882年，第102页。
② 根据赫定的描述。见《彼德曼地理通报》（增刊），第131期，1900年，第70页。
③ 见《通报，或关于东亚历史、语言、地理和民族学的档案》，1907年，第208页。
④ 见《通报，或关于东亚历史、语言、地理和民族学的档案》，1906年，第218页。

王经常离开自己的领地，入侵蒲类海和秦海地区（"北虏呼衍王常展转蒲类、秦海之间，专制西域，共为寇抄。"）①。以上记载同时表明，秦海并不像沙畹所估计的那样是今天的巴尔喀什湖，而只能是托勒库勒湖（Tur-kul），因为按文献记载人们必须在距离巴里坤湖不远的地方寻找它的位置，除此之外这一地区再无其他湖泊②。

---

① 见《通报，或关于东亚历史、语言、地理和民族学的档案》，1907 年，第 162 页。

② 迄今为止许多现代地形图如《施蒂勒手绘地图集》第 62 幅图都对托里湖进行了描绘，将它标定在北纬 41°50′、东经 93°10′的位置。但是现在托里湖已被从地图上移除，因为根据伯希和的研究，该湖并不存在（参见《地理》，第 18 卷，1908 年，第 426 – 427 页）。

第四章　殖民与人口

§67. 如果说在汉代，生活在沙漠里和草原上的大多数中亚民族仍过着居无定所的游牧生活，那么从远古时代开始，西域居民肯定就已经以集群而居为主，并形成了固定的居民点。这种情况完全是由自然条件决定的，因为几乎只在靠近四面环山的地方人们才能找到充足的水源，也就是说在那些从山上流淌下来的众多的溪流旁边。溪流在流入平原地带后往往很快便因夹带的泥沙而淤塞。这些傍水的地区土地肥沃，附近居住的人口数量一旦得到增长，他们势必很快便会转向用河水浇灌沿岸土地，于是产生了各个水草丰盛的绿洲景观。据汉代编年史记载[①]，在汉代，那些绿洲上遍布着城镇、乡村和农田，由此我们可以得知，这种绿洲文明必定经历了一段漫长的前期发展阶段。

同时在各绿洲地区，由一方君王统治下的大体上独立的国家形态逐渐形成，这便是汉代编年史里提到的西域诸国。在塔里木盆地，规模较大的绿洲国家明显会对周边小国产生一定的影响[②]。一个叫车师国的强盛国家长期在塔里木盆地东北部称雄，它统辖着天山东段南麓

76

[①] 见《英国和爱尔兰皇家人类学研究所杂志》，1881 年，第 21 页。

[②] 之所以做出这样的假定，主要是因为公元 1 世纪中叶前后塔里木盆地尚未处在统一的异族统治之下，各国家之间相互征战的态势愈演愈烈，以至于在连年交战之后，小宛国、精绝国、戎卢国、且末国被鄯善国（今罗布泊附近）、渠勒国和皮山国、于阗国（今和田）兼并。然而不久之后，这些小国又摆脱了鄯善国和于阗国的控制（见《通报，或关于东亚历史、语言、地理和民族学的档案》，1907 年，第 156 页）。

和北麓的大部分绿洲地区，其都城为今天吐鲁番附近的交河故城。公元前62年，车师国归西域都护府管辖，后逐渐分裂成若干小国①。

§68.《汉书·西域传》里记载了每一个国家的人口数量，而《后汉书·列传·西域传》里只描述了个别国家的人口情况，当然那些数字本身并不具有太大的研究价值。但是鉴于中国人恰恰非常看重这些官方记载的绝对精确性，故而那些数字至少可被认为是值得信赖的，它们能够大致表明，就规模和重要性而言，不同国家彼此之间的关系是怎样的。当然这些数据基本上只适用于公元前30年和公元100年前后，因为《汉书》和《后汉书》这两部编年史的原始材料

国家②	公元前 30 年前后			公元 100 年前后		
	户数	人口数	可服兵役人数	户数	人口数	可服兵役人数
龟兹国（今库车）	6 970	81 317	21 076	–	–	–
焉耆国（今焉耆）	4 000	32 100	6 000	15 000	52 000	20 000
姑墨国（今阿克苏）	3 500	24 500	4 500	–	–	–
扜弥国（今于田县以东）	3 340	20 040	3 540	2 173	7 251	1 760
于阗国（今和田）	3 300	19 300	2 400	32 000	83 000	30 000
莎车国（今叶尔羌）	2 339	16 373	3 049	–	–	–
鄯善国（今罗布泊）	1 570	14 100	2 912	–	–	–
尉犁国（今尉犁县）	1 200	9 600	2 000	–	–	–
疏勒国（今喀什噶尔）	1 510	8 647	2 000	21 000	–	30 000
温宿国（今乌什吐鲁番）	2 200	8 400	1 500	–	–	–
车师前国（今吐鲁番）	700	6 050	1 865	1 500	4 000	2 000

① 引文出处同上，第22-23页。也可参见《英国和爱尔兰皇家人类学研究所杂志》，1882年，第107-109页。

② 表格中大多数所列国家在第38页（原书页码——译者注）已经提及过。

大致是在这两个时期形成的。表格中列举了人口在 5 000 人以上的西域国家。

因为政治上的四分五裂，人们或许很难用一个共同的名字来命名 77 西域地区居民。汉代编年史，也包括后来的历代文献，总是论及西域诸国，却从未谈起西域地区的总人口情况，其原因无疑要归结于此。我们认为当时根本没有对于西域地区居民的共同命名①，不过也有人多次声称，古希腊地理学家托勒密就曾把生活在塔里木盆地或者塔里木盆地大片区域上的居民统称为伊塞顿人（Issedonen），这与我们的假设是相对立的。但是在对托勒密的陈述进行研究后表明，我们在此面对的仅仅是托勒密的老师马里努斯的一次谬误而已。

缺失共同的名字并不意味着不同绿洲地区的居民之间没有民族亲缘性。遗憾的是中国古代的文献未能给出任何线索，以说明他们可被归于哪一族群。相反，下文中托勒密的描述将间接向我们提供可靠的说明。

---

① 格瑞纳（引文出处同上，第 2 卷，第 26 页）在其研究中已经这样断言过。

第五章　丝绸之路走向及沿线
诸国地理位置

§69. 本章里我们最重要的任务之一即是确定横穿西域地区的丝绸之路的走向，以及沿线各站。在这方面，内容丰富的汉代编年史再度成为我们的参考文献，作为补充材料的还包括前文（参见§49、§50）已经提到的汉代以后历朝文献，以及个别考古发掘结果，尤其是斯坦因分别于 1900—1901 年和 1906—1908 年取得的重大考古成果。这一任务的一部分，即考证大多数《汉书》里记载的涉及塔里木盆地的地理数据，已由李希霍芬和格瑞纳分别于 1877 年和 1898 年做过深入系统的研究，这在本书导论部分里（参见§15、§17）已有所提及。李希霍芬和格瑞纳为我们提供了大量可资借鉴的材料，这些材料应当得到充分的利用。

78　　前文已经详细阐述过（特别参见§30、§39—42、§46、§49、§50），中国古代的文献如何为我们的研究任务所用。在此仅对位于西域地区的国家及其所辖城镇的中文名称做一些补充。尽管它们以相当扭曲的字形记录了我们完全陌生的汉语名字（新近形成的名称在数量上少之又少），但对于研究西域古代地理而言却具有不容低估的重要性。因为人们注意到，那些名字在当初肯定已被中国人用在交往过程中了，毕竟从某种意义上讲，《汉书·西域传》（也就是关于西域的情况报道）只是那种《西域传》的扩展版，后者当时肯定以许多样本的形式被中国官吏和商客使用（参见§37）。另一证据来源于斯坦因 1901 年的考古发掘，他在尼雅河下游的尼雅古城废墟（早在公元 3 世纪就已被遗弃）上发现了一些中国古代文书，文书上的文字符号与汉代编年史里记载的地理名称完全一样，例如，鄯善（今罗布泊）、于阗（今和田）、疏勒（今喀什噶尔）、龟兹（今库车）、焉耆（今焉耆）①。

第一节　丝绸之路北线和南线的共同起点

§70. 玉门关和阳关是汉长城最西边的两处关隘，根据《汉书》里的记载，玉门关和阳关不仅仅是标示西域地区和汉朝疆域之间的界点，也构成了丝绸之路穿越西域地区的两条主要通道即北线和南线的共同起点②。

玉门关和阳关里的"关"字可被译成"屏障""通道"或者"隘口"。长期以来人们都认为，玉门关和阳关地处两个完全不同的位置。例如，在李希霍芬看来，玉门关和嘉峪关同属一地，即为今天肃州（酒泉）以西 25 千米处中国边境上的一处险隘，而阳关则必须被假定为在沙州附近③。然而实际上，玉门关和阳关的具体位置要在

79

---

① 斯坦因，《古代和田》，第 1 卷，第 537－539 页；沙畹，《关于尼雅汉简》（*Les documents sur bois de Niya*）。

② 根据伟烈亚力的译文："从玉门关和阳关开始，有两条通道横穿西域地区。"（见《英国和爱尔兰皇家人类学研究所杂志》，1881 年，第 21 页）；沙畹将《后汉书》里的相关描述翻译如下："从鄯善（今罗布泊以南）开始，越过葱岭（今帕米尔高原），然后穿越一众西域国家，这两条道路……"（见《通报，或关于东亚历史、语言、地理和民族学的档案》，1907 年，第 169 页）。

③ 李希霍芬，《中国》，第 1 卷，第 495 页。

距离敦煌（沙州）以西不远处的地方去探寻，我们是在知晓了《后汉书》里的以下记述后才认识到这一点的："自敦煌西出玉门、阳关，涉鄯善（位于罗布泊的西域古国）……"① 现在我们只需参考《汉书·西域传》里的相关信息便可得知，盐泽（古代罗布泊）距离玉门关和阳关三百余里，也就是大约 130 千米②。之前（参见第 72 页）我们认为，古罗布泊东岸大概位于东经 92°偏西的地方，这样看来玉门关和阳关必定是在东经 93°的区域，或者换言之，在敦煌以西大约 130 千米的地方。综上，这两处关隘像是坐落在敦煌和古罗布泊东端的中间地带。

今天，上述地带绝大部分已成为人迹罕至的沙漠，因此长期以来，汉长城在这里的终端部分已完全被人们遗忘，直到 1900 年，法国旅行家查理·E. 波宁（Charles. E. Bonin）才重新发现了这一区域③。斯坦因的重大功绩在于，他于 1907 年详细测绘了从安西州（今甘肃安西县，辖境相当于今甘肃玉门市以西地段）至其最西端终点这段距离上的古代边境壁垒，并对沿线所有烽燧、区段兵站等军事设施的遗址进行了考察④。在此过程中他还碰到一处堡垒的遗址，在他看来那很可能是玉门关驻军的营房，他在临时性通报中并未暗示该遗址的具体位置。因此我们只能尝试借助于迄今描绘他探险旅行的地形图⑤来解决这一问题。

---

① 见《通报，或关于东亚历史、语言、地理和民族学的档案》，1907 年，第 169 页。

② 见《英国和爱尔兰皇家人类学研究所杂志》，1881 年，第 21 页。

③ 见《地理年鉴》，1901 年，第 283 页。

④ 见《地理杂志》，第 34 卷，1909 年，第 33 - 35、252 页；同时参见《维也纳皇家地理学会通报》，1909 年，第 304 - 306、313 页。

⑤ 参见《地理公报》（*Földr. Közl*），第 37 卷，1909 年，第 8 页（比例尺为 1：4 000 000）。

出于这一目的，我们必须考量长城的最后一段，也就是从党河 80
(Tan-ho) 汇入疏勒河的河口到长城最西端的终点。起初长城沿西南
偏西方向向西延伸。在长城北侧或者外侧流淌着疏勒河，在春、夏两
季，疏勒河的大部分水流都会越过哈拉湖继续向西流去。我们从斯坦
因的通报里得知，古丝绸之路就从紧邻长城南侧或者内侧的地方绵延
而过。110 千米之后长城的走向逐渐转向西南，又经过 30 千米后到
达边塞的终点。疏勒河断流并没入沼泽地区，在长城转向的地方，以
及在长城的最后一段直至其最西端的终点，沼泽地像是在沿东北方向
蔓延。根据以上情况，只可能有两个合适的出口通往西域地区，其中
一个必定是在疏勒河没入沼泽地的地方，也就是说在长城开始转向西
南的地方；另一个出口一定位于沼泽地终止的地方，即在长城的终
端。汉代编年史里的确提到两处关隘，因此按照我的推测，以上第一
个出口为玉门关，第二个出口则是阳关。

汉代编年史里的记载能够完美契合这一研究结果。基于《汉书·
西域传》里的描述，之前我们得出结论，玉门关和阳关位于敦煌以
西约 130 千米处；而根据斯坦因的另一研究成果，玉门关在敦煌以西
120 千米的地方，阳关则位于敦煌以西 140 千米处。此外按我们的估
计，阳关并非是在玉门关以西，而是位于玉门关的西南方向，这一情
况在某种程度上得到了汉代编年史的确认，因为《汉书·西域传》
里明确记载，玉门关和阳关构成汉朝出西域的边境，两者距离盐泽三
百余里。

第二节　丝绸之路北线及北向分岔路线

§71. 综述；从长城关隘经伊吾（今哈密）至高昌（亦都护城或高昌故城，今吐鲁番）。§72. 分布在丝绸之路北道沿线、从先前的车师国分裂出来的西域诸国。§73. 位于天山北麓、从先前的车师国分裂出来的西域诸国。§74. 从焉耆国（今焉耆）至姑墨国（今阿克苏）。§75. 从姑墨国至疏勒国（今喀什噶尔）。§76. 乌孙部落。§77. 从温宿国（今乌什吐鲁番）到位于秦海（今伊塞克湖）湖畔的乌孙国都城赤谷城。

§71. 今天，丝绸之路北线从吐鲁番经由喀喇沙尔、库车、阿克苏和喀什噶尔，这让我们回想起《汉书·西域传》里关于"北道"的一般性描述[1]："自车师（今吐鲁番）前王廷随北山（今天山）、陂河（今喀什噶尔河和塔里木河）西行至疏勒（今喀什噶尔），为北道。"

《汉书》里并未详细描述从阳关通往吐鲁番地区的道路，它在《后汉书》里才被提及，因为到了东汉时期中国人才对这条道路有了更多的了解。《后汉书·列传·西域传》里是这样记载的[2]："自敦煌西出玉门、阳关，涉鄯善（参见第 79 页），北通伊吾千余里。"这条从阳关通向伊吾（经考证为今天的哈密）绿洲的道路就跟从敦煌通往阳关的路线一样，至今早已因被遗弃而尽显荒凉、孤寂，因为当今

---

① 见《英国和爱尔兰皇家人类学研究所杂志》，1881 年，第 21 页；《通报，或关于东亚历史、语言、地理和民族学的档案》，1907 年，第 170 页。

② 见《通报，或关于东亚历史、语言、地理和民族学的档案》，1907 年，第 169 页。

人们已经从敦煌，或者更确切地说从安西州开始取道北上了。这条古丝绸之路初始路段的走向是怎样的，这一点我们在下文（第 109 页）才会得知。鉴于这些地区几乎没有被旅行者考察过，因而总体来说我们仍然不清楚丝绸之路北道初始路线的准确走向。

随着道路的继续延伸，我们才得以更好地追踪它的走向。如果依循《后汉书·列传·西域传》里的描述[①]："自伊吾（今哈密）北通车师前部（今吐鲁番）高昌壁千二百里"，那么这句记载至少指向那条今天经常被往来商客走过的道路，它起初沿巴里坤山西北方向延伸，但在 200 千米之后便折向西南方向，以便与低处的吐鲁番盆地平原区相汇合。

§72. 在吐鲁番地区我们已经了解了柳中（今新疆鄯善西南鲁克沁）这个地方，它从公元 123 年起便是东汉西域长史的官邸所在地（参见第 47 页）。西汉和东汉时期都曾在高昌国有过短暂屯兵的历史，关于高昌国的情况将会在下文（参见 §101）加以陈述，其地理位置已由一系列考古研究得到了确定。O. 弗兰克（O. Franke）在援引中国古代文献的基础上，最终证实高昌国即为今天位于吐鲁番的亦都护城或高昌故城[②]。此外，考古学家格伦威德尔也于 1902—1903年对高昌故城遗址进行了详细考察[③]。高昌故城遗址就在哈拉和卓乡东南方向，后者在距离吐鲁番以东大约 24 千米的地方。

82

---

① 引文出处同上，第 169 页。

② 弗兰克，"吐鲁番（突厥斯坦）附近高昌故城出土的中国寺庙铭文"（Eine chine-sische Tempelinschrift aus Idikutsahri bei Turfan <Turkistan>），收录于《普鲁士王国柏林科学院论文集》，1907 年，第 30 - 31 页。

③ 格伦威德尔，"高昌故城及其周边地区的考古工作报告（1902—1903 年间冬季）"，见《巴伐利亚王国科学院论文集》，第 24 卷第 1 集，1906 年，第 1 - 5 页。

作为车师前部①的国都，交河城在汉代要显得更为重要。克莱门茨 1898 年确定，交河城就是今天的交河故城②，现如今同样成为吐鲁番以西 6—7 千米处的一片废墟。"交河"一名包含"河水交汇"之意，因为交河城建在一座独立的高台地上，城墙下河水分岔绕行，到了下游又重新汇聚成一条河流。《汉书》和《后汉书》里都有对"交河"的相关描述③（"车师前国，王治交河，河水分流而下，故号交河。"）。之后我们在分析托勒密提供的地理数据时还将再次探讨这一记载。

前文已经提到（参见第 76 页），截至公元前 62 年，交河城曾是西域大国车师国的都城。后来车师国力日衰，国家也逐渐分裂成若干小国。《汉书》里记载有 13 个国家④，《后汉书》里只提到了 6 个⑤。其中狐胡国与车师前国接壤，从格瑞纳的研究出发，我们认为狐胡国的主要领地位于今天吐鲁番市下属的托克逊县⑥。在上述国家当中，丝绸之路北线仅仅途经等同于吐鲁番的车师前国和相邻的狐胡国。

---

①　为了简便起见，下文不说"车师前部"，而用"车师前国"代之；与此相应，用"车师后国"取代"车师后部"。

②　克莱门茨，"关于 1898 年受圣彼得堡皇家科学院委托前往吐鲁番进行科学考察的报道"，见《圣彼得堡皇家科学院论文集》，第 1 期，圣彼得堡，1899 年，第 18 页。

③　见《英国和爱尔兰皇家人类学研究所杂志》，1882 年，第 105 页；《通报，或关于东亚历史、语言、地理和民族学的档案》，1907 年，第 210－211 页。

④　见《英国和爱尔兰皇家人类学研究所杂志》，1882 年，第 102－104 页。13 个国家为乌贪訾离国、卑陆国、卑陆后国、郁立师国、单桓国、蒲类国、蒲类后国、西且弥国、东且弥国、劫国、狐胡国、车师前国、车师后国。

⑤　见《通报，或关于东亚历史、语言、地理和民族学的档案》，1907 年，第 209－211 页。6 个国家为蒲类国、移支国、卑陆国、东且弥国、车师前国、车师后国。

⑥　德·兰斯和格瑞纳，《亚洲高地科学考察报告（1890—1895 年）》，第 2 卷，第 61 页。这一结论或许是基于《汉书·西域传》里的相关描述（见《英国和爱尔兰皇家人类学研究所杂志》，1882 年，第 105 页），据此（狐胡国）"至焉耆国（今焉耆）七百七十里"。

§73. 其余 10 个属于先前车师国的国家皆位于天山北麓，也就是分布在那条古丝绸之路新北道沿线上。新北道在不久之后的中世纪中国和西亚之间的通商往来中发挥了重要作用。而在汉代还谈不上这一点，这在很大程度上可能要归咎于来自邻近地区的匈奴人的威胁。

但是当时中国人已经在筹备开辟更大规模的通商往来，特别是自公元 91 年起，汉朝开始在金满（时称疏勒城）长期屯兵，以此尝试持续监控西域地区①。因为值得注意的是，根据汉代编年史记载，金满和已经提到的高昌（亦都护城）一样，在某种程度上皆为进出西域的重要门户。这两个据点彼此之间的距离应为 500 里，此外金满应在车师后国境内，且位于高昌以北的位置②。以上情况清楚地表明，一条今天的人们不太熟悉的山路贯通了汉朝和西域之间的交通往来，这条山路从高昌向北越过天山，最后到达奇台地区（巴里坤以西第一片较为重要的绿洲）附近的准噶尔盆地。沙畹基于后来的文献，考证出了金满和车师后国都城的位置③，这与我们前面得出的结论高度吻合。两者（金满和车师后国都城务涂谷）都应位于吉木萨尔附近，后者是奇台以西 35 千米处的一座村庄，金满距离吉木萨尔以北约 2 千米，车师后国都城务涂谷则在吉木萨尔偏南的地方。汉朝时车

---

① 见《通报，或关于东亚历史、语言、地理和民族学的档案》，1907 年，第 158 – 159 页。

② 引文出处同上，第 169 页。

③ 沙畹，《西突厥史料》［*Documents sur les Tou-kiues*（*Turcs*）*occidentaux*］，圣彼得堡，1903 年，第 11 页注释 1。同时参见《通报，或关于东亚历史、语言、地理和民族学的档案》，1905 年，第 558 页注释 1。

师后国都城的名字显得平平无奇①，但它当时或许是准噶尔盆地南缘最重要的绿洲，而在今天，众所周知，它便是位于准噶尔盆地南缘西侧的乌鲁木齐，即中国新疆省首府。

至于其他国家，迄今很难确定它们的具体位置。原因在于《汉书》里记载的信息在此几乎无法提供有效线索，从一个地方到另一个地方的距离参数在这里完全被省略了，而那些指涉从各个国家到长安和乌垒城的距离参数非常混乱，《汉书·西域传》通篇除此之外再无类似情况。因此就目前来看，即便只对个别数据进行修正也是不可能的。《西域同文志》里尝试识别古代地名，然而伟烈亚力从中援引的信息在这里同样几乎派不上用场。

84   相反，人们对《后汉书》，尤其是《魏略》［记载三国时期魏国（公元 220—265 年）的史书］里提到的一些信息②不够重视，可是这些信息却能够使我们确定《汉书·西域传》里给出的一定数量的西域古国的地理方位。

在《汉书·西域传》里提到的国家当中，有 5 个在《魏略·西戎传》里再次出现，并且重要的是，这 5 个国家被从东向西依次述及："北新道西行，至东且弥国、西且弥国、单桓国、毕陆国（《汉书·西域传》里所载卑陆国）、蒲陆国③、乌贪国，皆并属车师后部王。"

或许我们要在乌鲁木齐地区寻找上文中第四个被提到的毕陆国的

①　据汉代编年史记载，车师后国的都城在务涂谷。后来《魏略》在《西戎传》里赋予车师后国都城一个特别的名字——"于赖"（见《通报，或关于东亚历史、语言、地理和民族学的档案》，1905 年，第 558 页）。

②　见《通报，或关于东亚历史、语言、地理和民族学的档案》，1905 年，第 556 - 558 页。

③　即《汉书·西域传》里所记载的蒲类国。

地理位置。因为如果按照《汉书·西域传》里所言，人们从卑陆后国（它必定是在距离卑陆国不远的地方）向南便可到达车师国（也就是吐鲁番地区），那么这里所指的只能是当前繁忙的从乌鲁木齐通往吐鲁番的山路。此外，从乌鲁木齐开始，也不失为验明其他国家名称的最佳之选。

根据《魏略·西戎传》里的记载，单桓国位于毕陆国以东，归车师后国统辖，故而单桓国的位置可以被假定在乌鲁木齐和吉木萨尔之间。与此相应，人们必须在吉木萨尔以东区域寻找东且弥国和西且弥国。此外，《后汉书》里提到东且弥国至柳中 800 里，这一信息也会对我们有所帮助，因为"800 里"这段距离是在途经奇台的路途上测定的，它把我们引向塔斯提村落，从那里开始有一条道路直通哈密。移支国只在《后汉书·列传·西域传》里被提及，鉴于它"居蒲类地"，因此沙畹认为移支国与巴里坤地区同属一地。如果说刚刚提到的其他国家尚从事少量农耕种植活动的话，那么移支国居民则过着纯粹的游牧生活，在这方面他们与邻近的匈奴人最为相似。总的来说，移支人按其身世好像也与匈奴人有亲缘关系，因为匈奴人尤其是北匈奴呼衍部，不断以巴里坤地区为起点向西域地区挺进（参见第 75 页），而移支国恰恰是在这一时期才开始出现的。

以前在巴里坤地区还生活着另外一个民族，西域大国蒲类国就是由该民族组建的。"蒲类"这一名称后来在"蒲类海"（也就是今天的巴里坤湖，参见第 75 页）里得以保留。蒲类国后来命运如何，这一点我们从《后汉书·列传·西域传》里可以得知①。西域诸国在与

---

① 见《通报，或关于东亚历史、语言、地理和民族学的档案》，1907 年，第 209－210 页。

中国建立直接往来关系（公元前 114 年）之前，皆归匈奴管辖。蒲
类国国王一次得罪了匈奴首领单于，单于一怒之下将生活在天山西疏
榆谷一带的 6 000 余口蒲类国民迁徙至匈奴右部阿恶地①，由此新建
的国家据说被称作阿恶国。文献里缺少更为详细的信息以说明阿恶国
具体地处何方②。较为贫苦的蒲类国民众据说纷纷逃往山谷中避难，
在那儿建立起一个新的国家，主要以畜牧业为生。沙畹主张在乌鲁木
齐和玛纳斯地区找寻蒲类国的位置③。借助中国古代文献的记载，我
们可以更加准确地确定蒲类国的地理位置。首先，蒲类国（《魏略·
西戎传》里称作蒲陆国）在卑陆国（也就是在乌鲁木齐）以西，汉
代编年史里的陈述也为此提供了佐证，即蒲类国应在天山（今天的
度斯梅干乌拉山）以西，而卑陆国则在天山以东（参见第 59 页）。
但是至关重要的是《后汉书·列传·西域传》里的描述，即从蒲类
国到西域长史官邸的所在地柳中（今鲁克沁）的距离为 1 290 里，这
一距离当然是在途经吉木萨尔的路途上测定的，它将我们引向玛纳斯
以西约 70 千米的区域，今天在那儿已找不到值得一提的居民点了。
继续往西应该就是《魏略·西戎传》里记载的乌贪国，它在《汉书·
西域传》里的名称是乌贪訾离国，这是当时中国人比较了解的地处
天山地区的最后一个国家了。我们在看到这个名字时可能会想起今天

---

① 这种情况并非发生在后来西域重新归属匈奴的那段时期里，即在东汉建国后的头
几十年里（见《通报，或关于东亚历史、语言、地理和民族学的档案》，1907 年，第 155
页），《汉书》里的相关描述间接证明了这一点；《汉书·西域传》和《后汉书·列传·西
域传》里都曾提及，蒲类国位于天山以西（参见文中接下来的几行）。

② 中国古代文献里仅仅提到，从阿恶国骑马到车师后国（吉木萨尔）需 90 日，阿恶
地应属匈奴右部（见《通报，或关于东亚历史、语言、地理和民族学的档案》，1907 年，
第 210 页）。

③ 见《通报，或关于东亚历史、语言、地理和民族学的档案》，1905 年，第 557 页
注释 3。

的石河绿洲，它就在夷播海以东约 130 千米的地方。

§74. 我们再回到真正的丝绸之路北线上来。首先，就从车师前
国（今吐鲁番）到姑墨国（今阿克苏）这段漫长的路途而言，我们
在第 38 页已经认识到，这条路线在古代的走向与在今天的延伸方向
大致是吻合的。该路段沿线上的西域国家①在第 38 页也已被鉴别过，
故在此只需略作补充即可。

首先要提到的是焉耆这一重要的西域国家，其都城在《汉书·
西域传》里写作"员渠城"，而在《后汉书·列传·西域传》里则为
"南河城"，两者都在今新疆焉耆回族自治县。危须国距离焉耆国仅
有百里之遥，其都城危须城与国名同称，不过危须国的地理位置已无
法准确确定，至少它并不直接分布在丝绸之路北线上。焉耆国不远处
便是尉犁国，我们在库尔勒附近的尉犁县可以重新识别出其同名都城
尉犁城的遗址。从尉犁国西行可达乌垒国，即今天的策达雅绿洲。众
所周知，从公元前 60 年至公元 1 世纪初，乌垒城一直都是西域都护
府治所。后来乌垒城肯定暂时处在龟兹国（今库车）的统治之下，
因为根据流传下来的史料记载，公元 1 世纪中叶前后，莎车王贤
（莎车国最强势的国王之一）抢夺了龟兹国的一部分领地，在其上建
立了一个新的国家——乌垒国②。除此之外东汉时期的文献里再无其
他佐证材料。乌垒国③之后便是汉代编年史里常被提及的龟兹国及其
都城延城（今库车），再接着就是姑墨国，其都城在汉代文献里名曰

---

① 见《英国和爱尔兰皇家人类学研究所杂志》，1882 年，第 93－102 页；同时参见
《通报，或关于东亚历史、语言、地理和民族学的档案》，1907 年，第 208 页。

② 见《通报，或关于东亚历史、语言、地理和民族学的档案》，1907 年，第 200 页。

③ 考虑到汉朝在乌垒城附近的轮台和渠犁屯兵并设置使者、校尉、领护等机构，参
见§99。

"南城"，因此它可能不是今天的阿克苏市本身，而应被鉴别为阿克苏以南 10 千米处的温宿县①。

§75. 若要从温宿县（阿克苏附近）抵达喀什噶尔，人们今天通常先是选取西南方向的路线，继而沿喀什噶尔河行进。在李希霍芬看来，这条路线正是从姑墨国到疏勒国（今喀什噶尔）的古丝绸之路的一段，同时李希霍芬还认为，沿今天的北路支线人们同样可以从温宿县到达位于姑墨国以西的温宿国和尉头国②。然而当时的事实情况却是，通往疏勒国的路线需途经姑墨国以西的那两个西域国家，即温宿国和尉头国，相反，今天人们主要使用的路线在汉代编年史里却是完全陌生的。汉代文献里虽然详细记述了前面提到的几个国家，但丝毫未谈及姑墨国和疏勒国的相对位置，对两者彼此间的距离更是只字未提。另一方面，《汉书·西域传》里指明了姑墨国和温宿国、温宿国和尉头国以及尉头国和疏勒国之间的相互距离③。上述国家之间的位置关系在《后汉书·列传·西域传》里被描述得最为清晰④："疏勒（今喀什噶尔）东北经尉头、温宿、姑墨（今阿克苏）、龟兹（今库车）至焉耆（今喀喇沙尔）。"由此我们可以清楚地看到，古丝绸之路北线上从姑墨国到疏勒国的相关路段与现今那条人们不常使用的路线是吻合的，那条路线沿天山南麓和托什干河的一河段延伸。

至于温宿国或者更确切地说是与其同名的都城温宿城的地理位

---

① 先前关于姑墨国地理位置的看法参见《通报，或关于东亚历史、语言、地理和民族学的档案》，1905 年，第 553 页注释 1。

② 李希霍芬，《中国》，第 1 卷，第 462 页注释 1。

③ 见《英国和爱尔兰皇家人类学研究所杂志》，1881 年，第 48 页；1882 年，第 94 页。

④ 见《通报，或关于东亚历史、语言、地理和民族学的档案》，1907 年，第 207 - 208 页。

置，李希霍芬①已经正确地将之确定为今天的乌什吐鲁番。据《汉书·西域传》记载，姑墨至温宿 270 里，这等同于今天从温宿县到乌什吐鲁番的距离（95 千米），尽管照此换算关系 100 里并非约等于 40 千米，而仅仅相当于 35 千米。格瑞纳也在研究中提出同样的观点，认为温宿即为今天的乌什吐鲁番。格瑞纳还将邻近的尉头国认定为今天的色帕巴依绿洲②，尽管它实际上比同名的都城尉头城大不了多少。格瑞纳的研究结果与中国古代文献里记载的距离参数不相一致：因为色帕巴依仅位于乌什吐鲁番西南方向 80 千米处，相反尉头国和温宿国之间相隔 300 里，也就是说如果我们认为 100 里只相当于 35 千米的话，那么两地之间的实际距离应为 115 千米。这一距离越过了色帕巴依，把我们引向更远的苏木塔拉。汉代文献里没有给出从另一侧，也就是从疏勒国（今喀什噶尔）到尉头国的距离。从文献里导出的关于从疏勒到长安（今西安府），以及从疏勒到乌垒（今策达雅）的距离，是在途经尉头国的路途上计算得出的。这一情况表明，在《汉书》的原始文献里记载有从疏勒国到尉头国的距离，只是这一数据在后来的编撰过程中被不经意地删略了。据《汉书·西域传》记载，疏勒国去长安九千三百五十里，尉头国去长安八千六百五十里；疏勒国东至都护治所（乌垒）二千二百一十里，尉头国东至都护治所（乌垒）千四百一十里。从前者可以推断出疏勒国至尉头国的直线距离为 700 里，从后者推断出的两地之间的直线距离则是 800 里。如果我们跟上述一样认为 100 里折合 35 千米，那么疏勒国到尉头国最初的距离参数就是 740 里。此外，苏木塔拉附近只有规模较小

88

---

　①　李希霍芬，引文出处同上，第 462 页注释 1。

　②　德·兰斯和格瑞纳，《亚洲高地科学考察报告（1890—1895 年）》，第 2 卷，第 61 页。

的居民点，把它认定为尉头国原址是极有可能的。

§76. 与在东部的吐鲁番地区一样，中国人也熟知一条从丝绸之路北道越过北山（天山）向西延伸的路线。这条路线将温宿国（今乌什吐鲁番）和乌孙国连接了起来。正如弗兰克最后指出的那样[1]，游牧民族乌孙可能源于突厥族。按照《汉书·西域传》里的统计，乌孙国有 12 万户人家，总人口 63 万，可服兵役男子数量为188 800 人[2]。文献里继续写道："地莽平。多雨，寒。山多松樠。不田作种树，随畜逐水草，与匈奴同俗。国多马，富人至四五千匹。民刚恶，贪狼无信，多寇盗，最为强国。"

就游牧民族乌孙人的居所而言，从《汉书》里可以整理出与此相关的记录，据此乌孙人生活在道路以北地区，该线路从捐毒国（今喀什噶尔以西的伊尔克什坦）沿丝绸之路北道至焉耆国（喀喇沙尔，今焉耆），此外它也从乌贪訾离国（今夷播海以西的石河？）开始向西延伸[3]。综上，乌孙国的主要分布地覆盖东经74°至86°之间的天山山谷，位于伊塞克湖流域和伊犁盆地的周边地区[4]。

乌孙人从公元前 2 世纪中叶才开始在上述区域活动，在此之前暂时是大月氏人和塞种人（截至公元前 165 年）在这一带游牧，众所周知塞种人便是古希腊和古罗马文献里记载的塞克人（Sacae）。因此正如汉代编年史里所记述的那样，乌孙国也包含了部分塞种人和月氏人的领地。

89

---

① 弗兰克，《中国文献里对于突厥诸族和中亚塞西安人的相关记载》，第 17－19 页。

② 见《英国和爱尔兰皇家人类学研究所杂志》，1882 年，第 83－84 页。

③ 见《英国和爱尔兰皇家人类学研究所杂志》，1881 年，第 41 页；1882 年，第 94、102 页。

④ 先前已有研究者，尤其是沙畹，将乌孙人的活动场所确定在上述相同区域（见《通报，或关于东亚历史、语言、地理和民族学的档案》，1905 年，第 558 页注释 3）。

自张骞奉汉武帝之命出使乌孙国（公元前 115 年）以来，乌孙人开始与汉朝建立起联系，特别是不久之后汉室细君公主下嫁乌孙昆莫猎骄靡，这一联姻进一步增进了汉朝与乌孙国的往来关系。在《汉书》里乌孙国已被列为西汉属国，但后来乌孙政权被分裂为大、小昆弥（公元前 60 年）[①]，西汉与乌孙之间的结盟关系随之有所松动。乌孙国由大、小昆弥分治，这种态势一直持续到公元 83 年[②]。大、小昆弥或许其中一个盘踞在伊塞克湖地区，另一个则占据伊犁盆地。东汉时期乌孙国与中原政权之间好像并无特别亲近的迹象，文献中仅仅记载，公元 83 年，汉章帝曾派遣李邑率团出使乌孙，却因当时在塔里木盆地以西发生的叛乱而失败[③]。

§77. 据《汉书·西域传》记载，大昆弥的都城在赤谷城，它应当位于温宿（今乌什吐鲁番）以北 610 里的地方。通过对比一幅现代地形图我们发现，这一距离可在今天人们熟知的一段丝绸之路上测得，该路线以乌什吐鲁番为起点向西延伸，然后又几乎向北伸展，以越过天山山脉主峰群中的勃达岭（海拔 4 250 米）和其他三处隘口[④]。公元 630 年，著名旅行家玄奘在西行取经路上便走过这条路线，《唐书》［记录唐代（公元 618—906 年）历史的纪传体编年史］里以路线图的形式对它进行过详细描述，此外还提到当时已不复存在的乌孙国都城，并将之迁移至药杀水（今锡尔河右岸支流纳伦河）河源地区[⑤]。仅仅考虑到这一事实，即因为纳伦河河源地区显著的高

---

① 见《英国和爱尔兰皇家人类学研究所杂志》，1882 年，第 86 – 93 页。
② 见《通报，或关于东亚历史、语言、地理和民族学的档案》，1907 年，第 228 页。
③ 同上，第 228 – 229 页。
④ 参见 G. 默兹巴赫（G. Merzbacher）"中天山概要图"（Übersichtskarte des zentralen Tian-schan）（比例尺为 1∶1 000 000），《彼德曼地理通报》（增刊），第 149 期，第 1 幅图。
⑤ 沙畹，《西突厥史料》，圣彼得堡，1903 年，第 9 页。

海拔特征（大约 3 500 米），今天人们在那片地区找不到值得一提的
居民点了，《唐书》里的上述推断便已引起我们很大的疑虑，特别是
《汉书·西域传》里所载"610 里"这一距离参数，证明了我们须在
更北的地方找寻乌孙国都城赤谷城所在的位置，并且是在伊塞克湖东
南沿岸。此前李希霍芬已经做出过这样的推测①。

　　不久前恰恰在这一地区，俄国旅行探险家 A. 察恩（A. Cahn）
特地考察了伊塞克湖沿岸的古代城镇遗址，根据当地原始居民的陈
述，那些古代遗址现在应该都已处在低于湖面的位置②。经考察，察
恩的确在伊塞克湖东南沿岸距离普尔热瓦利斯克大约 65 千米的科伊-
萨利村附近发现了一处下沉的古代居民点③，在那儿他找到了带有线
条装饰的陶罐碎片、破碎的烧砖以及残余的人畜尸骨等。在俄国学者
A. 尼科里斯基（A. Nikolskij）看来，这些遗留物正是出自乌孙人在
伊塞克湖湖畔过游牧生活的时代。在此我们可以进一步推测，认为那
处下沉的古代居民点极有可能就是乌孙国昔日的都城赤谷城。《汉书·
西域传》里明文记载"温宿国……北至乌孙赤谷六百一十里"，主要
是这一史料使得我们很难再将赤谷城确定在其他位置。尽管玄奘和
《唐书》在描述路线方面皆十分详尽，但都不曾提到过一个能够与前
乌孙国治所赤谷城相匹配的地方。由此人们或许可以推断，赤谷城在
当时就已经消失不见了。当然，只有在获取关于上述古代居民点遗址
更为详细的信息之后，我们才可能下结论。

---

　　① 李希霍芬，《中国》，第 1 卷，第 462 页注释 1。

　　② 见《地理杂志》，第 28 卷，1906 年，第 634 – 635 页；《地理学刊》（*Geogr. Anzeiger*），1907 年，第 19 页。

　　③ 前面提到的默兹巴赫绘制的"中天山概要图"上并未标注科伊-萨利村的位置，它可能位于北纬 42°13′、东经 77°45′的地方。

《汉书·西域传》里并未提及乌孙国境内存在一处面积辽阔的湖泊即今天的伊塞克湖，对此我们不必太过吃惊，如果我们考虑到《汉书》里片面的描述方式的话。相反，《汉书》在另一篇记述西汉将领陈汤的人物志里却提到了伊塞克湖的名字①。《汉书·陈汤传》里描述了公元前36年陈汤率汉军远征异域的史实："其三校都护自将，发温宿国（今乌什吐鲁番），从北道入赤谷（今科伊-萨利村附近），过乌孙，涉康居界，至阗池（秦海）西。"下文还将显示，康居国在东北方向的疆域一直延伸到楚河流域，因此根据前面古文献所载信息，秦海只可能是今天的伊塞克湖。玄奘在西行取经途中亦经过阗池（秦海），他在《大唐西域记》里记载的是听起来颇为相似的"大清池"。

91

第三节　丝绸之路南线

§78. 综述。§79. 从莎车国（今叶尔羌）至于阗国（今和田）。§80. 地处偏远的渠勒国和戎卢国；和田和尼雅河之间古丝绸之路沿线遗址。§81. 从于阗国至扜弥国或扜罙国。§82. 从扜弥国至精绝国（今民丰县）。§83. 从精绝国至且末国（车尔臣或播仙镇，今且末县）；小宛国（今达赖库干地区？）。§84. 从且末国至鄯善国都城扜泥城（今若羌县且尔乞都克古城）。§85. 楼兰国和鄯善国。§86. 从鄯善国都城至楼兰国。§87. 从楼兰国至长城关隘。

§78. "自玉门、阳关出西域有两道。从鄯善傍南山（昆仑山）

---

① 见《英国和爱尔兰皇家人类学研究所杂志》，1881年，第52页。

北，波河（塔里木河）西行至莎车（今叶尔羌），为南道。"以上是《汉书·西域传》里对于丝绸之路南线的描述①。乍一看此段描述会使人产生这种印象，即这里讲述的是今天依次途经且尔乞都克、瓦什-沙赫里、车尔臣、安得悦、尼雅、克里雅、恰哈、和田、固玛、叶城、叶尔羌等绿洲地区的路线。

但是李希霍芬却认为，丝绸之路南线有极度向北偏离之嫌②，在这之后新近实施的一系列科学考察的结果均让人完全相信，原先的古道必定要使前面提到的个别绿洲的位置南移，并使其在一定程度上穿越那些地区，它们后来连同居民点都已沦为沙漠的牺牲品。特别是在罗布泊与和田之间的区域，人们发现了一些被掩埋的城镇废墟。这其中某些城镇肯定在当年的东西方交通中扮演过重要角色，它们有的早在公元 3 世纪被遗弃，有的是在公元 8 世纪末，还有的是在更晚的时候。我们对这些遗址的详细了解主要须归功于斯坦因，他在自己的巨著《古代和田》中就曾尝试，将自己 1900—1901 年考古发掘的结果和从汉代到唐末（公元 906 年）中国文献里的记载之间建立起联系。我们在这里主要考虑的是他对于和田及邻近居民点的考察研究。考古学家斯坦因在 1906—1908 年第二次中亚考察期间，将科考范围扩大到塔里木盆地南缘东端，截至今天我们只能看到他在这方面的临时通告，但这些信息足以使我们清楚地认识汉代丝绸之路南线的有关情况。

我们重点考察的是从汉长城以西的阳关到于阗国（今和田）的这段路程，因此以下我们首先对该路段做一全面考量。

---

① 见《英国和爱尔兰皇家人类学研究所杂志》，1881 年，第 21 页；《通报，或关于东亚历史、语言、地理和民族学的档案》，1907 年，第 169 – 170 页。

② 参见《中国》，第 1 卷，第 500 页上的地形图（比例尺为 1∶12 500 000）。

1. 《汉书·西域传》里的记载①：

出阳关西行至鄯善国	1 600 里
从鄯善国继续西行至且末国	720 里
从且末国继续西行至精绝国	2 000 里
从精绝国继续西行至扞弥国	460 里
从扞弥国继续西行至于阗国	390 里
因此，出阳关西行至于阗国	5 170 里
	≈　2 050 千米
两地之间真实的直线距离	≈　1 200 千米
误差	≈　850 千米

2. 《后汉书·列传·西域传》里的记载②：

"出玉门（阳关附近），经鄯善、	
且末、精绝三千余里至拘弥……	3 000 里
其国西接于寘三百九十里。"	390 里
因此，从阳关至于阗国	≈　3 400 里
	≈　1 350 千米
两地之间真实的直线距离	≈　1 200 千米
误差	≈　150 千米

从以上数据可以看出，《后汉书·列传·西域传》给出的从玉门

---

① 见《英国和爱尔兰皇家人类学研究所杂志》，1881 年，第 23 – 30 页。
② 见《通报，或关于东亚历史、语言、地理和民族学的档案》，1907 年，第 170 页。

关或阳关至于阗国的距离大致是准确的，而这一距离在《汉书·西域传》里肯定计算有误。下文 §83 将会显示，《汉书》里之所以会出现这种错误，仅仅是因为且末国和精绝国之间的距离被估算得过远。此外须注意的是，上述道路肯定是大致沿西南偏西方向延伸的。

关于丝绸之路南线从于阗国经皮山国到莎车国的进一步走向，我们之前（参见第 38 页）已经进行过探讨。

§79. 为了确定古丝绸之路南线各个路段的具体情况，我们这一次不再以阳关为起点，而是反过来从莎车国（今叶尔羌）开始，因为我们已经知道，从莎车国经皮山国（固玛，今皮山县）到于阗国（今和田）这段路程，在古代的走向和它今天的延伸方向大体上是一致的。根据汉代编年史记载，莎车国和皮山国的都城同名。于阗国的都城名为西城，德·兰斯等人尤其是斯坦因经考古发掘证实[1]，西城并非今和田市本身，而是和田以西 8 千米处的约特干遗址。

§80. 从上文我们已经看到，从于阗国东行 390 里可达扜弥国，扜弥国以东 460 里是精绝国。为了能够确定扜弥和精绝这两个西域国家的地理位置，我们须首先考察位于它们南部的另外两个国家[2]：

渠勒国，王治鞬都城，地处扜弥国以南 300 里；

戎卢国，王治卑品城，北至精绝国四日行。

在地图上测量以上距离参数，会使我们得出以下结论：鉴于戎卢国和精绝国位于尼雅（苏喀克）河流域地区，渠勒国和扜弥国位于克里雅河流域地区，此外也因为它们几乎不可能在昆仑山北缘以南的

---

① 德·兰斯和格瑞纳，《亚洲高地科学考察报告（1890—1895 年）》，第 3 卷，第 127、138 页；斯坦因，《古代和田》，第 1 卷，第 194 - 196 页。

② 见《英国和爱尔兰皇家人类学研究所杂志》，1881 年，第 29 页。

地方，故我们可以大致将戎卢国的位置确定在塔勒克勒克，把渠勒国的位置确定在沙雅。无论如何，我们必须将精绝国和扜弥国这两个古丝绸之路南线上的重要国家推移至尼雅和克里雅以北地带，后者是今天丝绸之路南线上的两处重要驿站，这一结论比上述推断要重要得多。

通过考古发掘，斯坦因间接证实了汉代编年史里记载的情况。因此就那条被遗弃的古丝绸之路的走向而言，首先对我们来说具有决定性意义的是和田以东遗址所在的位置①。根据斯坦因绘制的辅图，古丝绸之路南线从古代于阗国都城约特干开始向东延伸，随后逐渐远离今天的路线。还在和田附近，两条路线彼此的间距好像就已达到 5 千米。继续向东经过 80 千米之后，我们从策勒绿洲到乌宗塔提遗址测得的两条路线之间的偏离程度已达 20—30 千米。此后令人惊讶的是，人们在克里雅河沿岸没有找到任何遗址，相反在尼雅河下游略低于北纬 38° 的地方，通过斯坦因 1901 年和 1906 年的两次考察研究，在那儿发现的一处面积较大的古城遗址（今天被称作精绝古城）为世人所熟知。大量的出土物件证明，这里曾经孕育了一个重要的绿洲王国，早在汉代它肯定就积极参与了与中原地区的贸易往来②。

§81. 现在我们要进一步探究中国古代文献里的信息，并尝试在文献记载与相关考古发掘成果之间建立起联系。

首先我们要考察的是扜弥国（又名拘弥国），它在张骞的旅行报

94

---

① 参见《古代和田》一书里附带的中亚地形图的辅图《和田遗址图》（比例尺为 1：2 500 000）。

② 见《地理杂志》，第 30 卷，1907 年，第 71 - 73 页；《地理杂志》，第 34 卷，1909 年，第 19 - 21 页；《维也纳皇家地理学会通报》，1909 年，第 296 - 298 页。

告（公元前 126 年）里就已被提及，当时张骞将之命名为"扜罙"①。根据《汉书》记载，扜弥国王治同名都城——扜弥城。后来扜弥国为精绝国所灭，改名为"宁弥"，这一名称需追溯到《后汉书》里记载的拘弥国（即扜弥国）的都城宁弥城。毫无疑问，我们在此探究的是一个声名显赫的绿洲王国，这一点仅从人口数量上便可略见一斑。按照《汉书·西域传》提供的数据，扜弥国在人口数量上要多于于阗国（今和田），前者"口二万四十"，后者"口万九千三百"。到了东汉时期，连年战乱使得拘弥国人口数量急剧下降，公元 100 年前后其人口数量应为 7 251 人，而到了约公元 175 年，拘弥国人口甚至不足千人②。

　　在西行高僧宋云（公元 518 年）和玄奘（公元 645 年）到访扜弥国的时候，正值该国发展到后来的鼎盛时期③。两人都讲述道，在扜弥国所设的一尊佛像因具有神奇的力量，故而能够吸引众多虔诚的佛教徒前去朝圣。扜弥国在宋云的讲述里名曰"捍么"，在玄奘的记载里则是"媲摩"。宋云记录的从捍么到于阗（今和田）的距离是878 里，玄奘给出的从媲摩至于阗的距离则为 330 里。沙畹已经强调过，第一个数值（878 里）显然是因疏忽而造成的谬误；对比《汉书·西域传》里的记载（"西通于阗三百九十里"），"330 里"更像是基于准确估算得出的结果。

---

　　① "扜罙"是金斯密尔（见"公元前 2 世纪中国与西域及其邻国的交往"，收录于《皇家亚洲学会会刊》，第 14 卷，1882 年，第 104 页）和沙畹（见《通报，或关于东亚历史、语言、地理和民族学的档案》，1905 年，第 538 页注释 1）对 Han-mi 的音译处理。
　　② 见《通报，或关于东亚历史、语言、地理和民族学的档案》，1907 年，第 170 - 171 页。
　　③ 见《法国远东学院通报》，1903 年，第 392 页；儒莲，引文出处同上，第 3 卷，第 242 - 246 页。

《唐书》也在其《西域传》一篇里对扜弥国有过专门的描述[1]："于阗东三百里有建德力河，七百里有精绝国；河之东有汗弥[2]，居达德力城，亦曰拘弥城，即宁弥故城"（据《后汉书》记载）。正如沙畹所感知到的那样，以上描述极有可能指的是《唐书》在另两处提到的军事重镇坎城守捉[3]，因为它距离于阗同样应为 300 里。

公元 940 年，后晋派出以高居海为代表的使团出访于阗，高居海所撰《于阗国行程记》（见《新五代史》卷七十四）便是对此次出访的行程记录，游记中提到的"绀州"只能是从前的扜弥国或者汗弥国，原文是这样描述的[4]："又西，至绀州，绀州，于阗所置也，在沙州西南，云去京师九千五百里矣（《唐书·西域传》[5] 里记载于阗距京师 9 700 里）。又行二日至安军州，遂至于阗。"

有关扜弥国最后的文字记载出自公元 1273/74 年，当时威尼斯旅行家马可·波罗穿越塔里木盆地南端来到中国，其间他也途经并记录了一个叫"培因"（Peyn）的州郡，后经鉴别它便是玄奘笔下的媲摩。马可·波罗关于媲摩的描述对我们来说非常重要，他在《马可·波罗行纪》里这样写道[6]："培因乃一小州，广五日行程，位于东方与东北方之间。此州居民崇拜摩诃末，且同样臣属于大汗。治下 96

---

①　沙畹，《西突厥史料》（Docs. Turcs etc.），第 127‑128 页。

②　Han‑mi 同样的音译（但在《唐书》里匹配不同的汉字）在司马迁的《史记》和《魏略·西戎传》里都出现过（见《通报，或关于东亚历史、语言、地理和民族学的档案》，1905 年，第 538 页）。

③　见《法国远东学院通报》，1903 年，第 391 页注释 1；斯坦因，《古代和田》，第 1 卷，第 522 页注释 5（指涉沙畹的观点）。

④　雷慕沙，《于阗城史》，巴黎，1829 年，第 79 页。

⑤　引文出处同上，第 32 页。

⑥　H. 莱姆克，《马可·波罗》（Marco Polo），汉堡，1907 年，第 140‑141 页。

有众多城镇和乡村，全州最宏伟的城市名'培因'，乃该地区之首府。有一条河流经其地，河中可以找到数量极多的珍贵宝石，人们称之为玉髓和碧玉。"马可·波罗的记述再次证实了我们的假设，即当时丝绸之路南线从和田开始向东北偏东的方向延伸，也就是说逐渐远离了今天的路线。因此马可·波罗所说的众多城镇和乡村，今天往往只是作为遗址在被遗弃的古道附近得以保留。文中提到同名都城培因应当位于一条河流旁边，关于该河的描述我们还将在下文详细探讨。

为了确定扜弥国都城的位置，我们最好以《汉书》和《唐书》里给出的距离参数为准。当然，这两种距离参数之间的出入不可谓不大。如果我们用相应的标准值"千米"取代"里"，便会得出从于阗至扜弥或者汗弥的距离如下：

根据《汉书·西域传》记载：390 里 = 390×400 米 = 156 千米；根据《唐书·西域传》记载：300 里 = 300×380 米 = 114 千米。

由上可知，两种文献里的距离参数相差 42 千米。仔细观察便会发现，这一误差的产生在一定程度上可能基于以下原因，即《唐书》不像《汉书》那样，在估算扜弥国至阗国的距离时以今天的约特干作为西面的终点，而是终于约特干以东的某个地方，或许就是现在的和田本身。至少只有从和田算起到另一侧的叶城县，才可能符合《唐书》里给出的 670 里（= 350 千米）这一数值（参见第 51 页），除非人们用 360 米这一更小的换算值对应《唐书》里的距离单位"里"。然而这一次即便是使用上文的 380 米这一换算值，可能也会使估值过低。之所以做出这样的推断，是因为《唐书》里在同一处不仅给出了于阗至汗弥的距离，还记述了从于阗到下一个国家精绝的距离，这一数值比《汉书》里相应的距离参数要小得多，《唐书·西域传》里记载的是 700 里（"于阗东三百里有建德力河，七百里有精绝国"），而在《汉书·西域传》里则是 850 里（"精绝国，……西通扜弥四百六十里。……扜弥国，……西通于阗三百九十里"）。另一方面，我们可以用低于一般标准的换算值来对应《汉书》里的距离单位"里"，因为类似的情况我们先前已经遇到过（参见第 87 页）。所有这些考虑都旨在表明，约特干和扜弥国都城之间的距离只可能略大于 130 千米。

　　对迄今确定古代扜弥国位置的不同尝试所做的对比分析表明，意 97
识到上述细节对于此项研究工作而言是何等重要。格瑞纳[1]和沙畹[2]
分别于 1898 年和 1903 年经过考察认为古扜弥国应位于今天的克里雅地区，但并未给出精确的地理位置。按照斯坦因（1907 年）的推测，古扜弥国应在策勒绿洲和克里雅之间的区域[3]。但是斯坦因的错误在于，他将玄奘提及的媲摩城迁移到另一个地方，误以为自己于 1901 年探访过的策勒绿洲以北的乌宗塔提遗址便是媲摩城，即从前的汗弥国[4]。根据我们最后的估算，将乌宗塔提与媲摩城混为一谈的做法是断不可取的，因为精确的测量显示，约特干至乌宗塔提的距离仅为 90 千米，而约特干和扜弥国的间距肯定要在 130 千米左右。由此看来，扜弥国的都城要被确定在乌宗塔提遗址东北偏东约 40 千米的地

---

　　[1]　德·兰斯和格瑞纳，《亚洲高地科学考察报告（1890—1895 年）》，第 2 卷，第 61 页。

　　[2]　沙畹，《西突厥史料》，第 128 页注释 1。

　　[3]　斯坦因，《古代和田》，第 1 卷，第 467 页。

　　[4]　斯坦因，引文出处同上，第 285 页。类似的也可参见《通报，或关于东亚历史、语言、地理和民族学的档案》，1906 年，第 469－480 页："玄奘关于媲摩以及马可·波罗关于培因的评述"（Hsüen-Tsangs notice of Pi-mo and Marco Polos Pein）。这一观点可能通过以下事实得到支撑，即斯坦因在其绘制的地形图上将乌宗塔提连同策勒等地统统向东迁移了约 20 千米（参见文中对这幅配图的注解）。因此，斯坦因所描绘的从乌宗塔提（他认为的媲摩城即汗弥国）到和田的路段明显过长。

方，也就是在北纬 37°20′ 以南和东经 81°12′ 之间的区域①。

斯坦因先后两次旅行前往策勒以北至克里雅广大地区，亨廷顿也于 1905 年到访过该地区，他们两人都在那儿不知疲倦地考察古城镇遗址，但恰恰疏漏了在所有要探寻的城镇中规模最大的扞弥城，这不得不说是一种奇特的巧合。每一次他们都从扞弥城原址绕行而过。相反，他们在策勒附近以及在策勒以东相邻绿洲考察的那些遗址，或许都要被视为在古代扞弥国、汗弥国、媲摩或者培因内部零星分布的规模较小的居民点。

因为城内人口众多，古扞弥城必须要有充足的水源供给才行。策勒和克里雅之间的小河细流无法完成这样的任务，因为它们在今天被发现的遗址附近就已隐没消失于荒沙之中。因此别无其他可能性，只能是克里雅河在扞弥城尚有人居住时期直接淌过这里；今天，克里雅河从扞弥城以东大约 50 千米处流淌而过。由此可见，该河当时在克里雅以北地区肯定更倾向于西向流淌。

如此一来，许多其他问题便迎刃而解。现在我们才明白，为何中国古代的文献没有给出任何人们可以确定在今天克里雅河下游的具体位置，因此我们就无需再去探究斯坦因沿克里雅河没有碰到任何古代居民点的原因了。现在我们也有可能对《唐书》里的相关陈述和马可·波罗所记载的旅行信息进行正确解读。根据《唐书》，这里所说的河流名叫建德力河，汗弥国都城应位于其东岸，从中人们可以看

---

① 埃尔斯沃思·E. 亨廷顿（见《亚洲的脉搏》，伦敦，1907 年，第 387–388 页）不加批判地尝试将玄奘所说的媲摩城等同于克里雅。他援引古代行僧玄奘记录的距离参数作为唯一的依据，但没有考虑到那些参数在确定地理位置时并非完全可信（参见第 53 页）。取代"媲摩"出现在中国历代编年史里的是"汗弥"和"扞弥"这两个名字，对此亨廷顿似乎并不知晓，否则他就不会把宋云讲述的"捍么"和玄奘记载的"吐火罗国"混为一谈（见《亚洲的脉搏》，第 213 页）。

98

出，建德力河即为今天的克里雅河。在《马可·波罗行纪》里，同一条河即克里雅河出产大量的碧玉和玉髓，这两种材料实际上就是中国人钟爱的玉石，它只在塔里木盆地水量较大的河流中才会存在（参见§99）。关于克里雅河古代流向的详细情况，我们将会专辟一段加以探讨。

§82. 相比扜弥国，精绝国的情况就简单明了得多。据记载精绝国的都城应为同名的精绝城。从上文（参见第 93 - 94 页）我们就已看出，人们必须在尼雅河下游地区找寻精绝国的位置，另一方面恰恰在那里，我们确定了一个并非无足轻重的绿洲王国的遗址，它在今天被称作精绝古城。法国探险家德·兰斯很早就已指出，那里曾是精绝国所在地①，而斯坦因当初尚未对此发表见解。即便我们不熟悉从克里雅河到尼雅河的古道走向，但以下观察将会排除一切疑虑，证明德·兰斯的观点是正确的。

为确定精绝国的具体位置，通常在一定程度上可采取两组地理参数，其一是从已被定位在西南偏西方向的扜弥国到精绝国的距离，其二是从位于南部的塔勒克勒克（或许是古戎卢国所在地）到精绝国的距离。

1. 从扜弥国至精绝国的距离

根据《汉书·西域传》记载：460 里

根据《唐书·西域传》记载②：400 里

---

① 德·兰斯和格瑞纳，引文出处同上，第 2 卷，第 14、61 页；第 3 卷，第 147 - 149 页。

② 此处在第 95 页已经引用过。

假定到精绝古城的路途长度为 170 千米①，

如果 1 里 = 369 米，则两地距离 = 460 里

如果 1 里 = 425 米，则两地距离 = 400 里

99

2. 从戎卢国至精绝国的距离

根据《汉书·西域传》记载：四日行程 ≈ 150 千米

假定到精绝古城的路途长度 ≈ 160 千米

§83. 以精绝古城为起点，古丝绸之路南线似乎开始向东延伸，关于其走向的详细情况我们无法进一步确证。可以假设的是，古道南线触及安得悦古城附近遗址，即玄奘所见之睹货逻国（吐火罗国）；但另一方面这种假设又存有争议，因为两汉时期尚无文字记载直接证明那一被遗弃的居民点。

接下来在考察且末国时，我们才重新有了确切的史料可依。当然，《汉书·西域传》远远夸大了精绝国和且末国之间的距离，因为文献里给出的数值是 2 000 里（"且末国，……西通精绝二千里"）②。究其原因，或者是有关中国编撰者在估算路程长短时出了错，或者是他想用"2 000 里"这一整数暗示，这段路程虽非常遥远但其长度却无法确定。这一次就连《汉书》我们也指望不上了。

这样一来，斯坦因 1907 年在车尔臣的考古发掘结果对我们来说

① 直线距离为 150 千米。

② 格瑞纳将这一距离从 2 000 里下调至 1 000 里（见《亚洲高地科学考察报告（1890—1895 年）》，第 2 卷，第 210 页）。但他这样做并无实质性意义，因为且末至精绝的真实距离可能只有大约 700 里。

就更有价值了，那些结果证实，且末绿洲正是古代且末国的所在地①。由此格瑞纳提出的观点便无法继续立足了，因为他认为且末国和他所探查的车尔臣以北遗址同属一地②。

据《汉书·西域传》记载，从且末国南行三日便可抵达小宛国都城扞零城（"且末国，……南至小宛可三日行"）③。我们现在清楚了且末国的地理位置，因此小宛国就要在达赖库干村所在的地区去找寻了。

§84. 我们已经看到，古丝绸之路南线在车尔臣与今天的路线又再次重合，直至且尔乞都克或许都是这种情况。之所以可以这样推断，首先是因为人们在去往且尔乞都克的路上能够在瓦石峡附近遇到　100
斯坦因考察过的古城遗址。就且尔乞都克本身而言，人们在这里同样发现了一些重要遗址。斯坦因直截了当地认为，那些遗址就是古代罗布泊地区的都城，即玄奘所记述的"楼兰地"和马可·波罗所称的"罗布大城"④。按照汉代编年史记载，我们在此探讨的毫无疑问是鄯

---

① 见《地理杂志》，第 30 卷，1907 年，第 73 页。宋云在《宋云行纪》中称且末为左末城（见《法国远东学院通报》，1903 年，第 391 页），玄奘在《大唐西域记》里将且末记为折摩驼那（参见第 53 页），《唐书》里称且末为播仙镇（参见第 100 页），后晋使臣高居诲在所撰的《于阗国行程记》（公元 940 年）里称且末为大屯城（参见雷慕沙，《于阗城史》，第 78 页），马可·波罗在游记中将且末称作沙昌省（引文出处同上，第 142 页）。

② 德·兰斯和格瑞纳，《亚洲高地科学考察报告（1890—1895 年）》，第 1 卷，第 184 页；第 3 卷，第 146 页。格瑞纳在考察报告里给出的从车尔臣到塔提让附近遗址（应为古且末国所在地）的距离为 115 千米，但实际上它可能应是 115 里（即 50 千米）。

③ 见《英国和爱尔兰皇家人类学研究所杂志》，1881 年，第 28 页。

④ 见《地理杂志》，第 30 卷，1907 年，第 73－74 页。"纳缚波故国"是玄奘对楼兰地即楼兰古国的另一种称法。斯坦因认为且尔乞都克也应是马可·波罗笔下的"罗布大城"，这一点令我感到不解。从车尔臣出发旅行前往且尔乞都克，人们一般至少需要七天的行程，而马可·波罗在自己的游记（引文出处同上，第 142－143 页）里只给出了五日旅程。据此看来，"罗布大城"肯定是位于瓦石峡附近的古城。

善国都城扜泥城，因为《汉书·西域传》里记载的且末和扜泥城之间的距离应为 720 里（"鄯善当汉道冲，西通且末七百二十里"），如果我们从车尔臣开始沿今天的路线量出 720 里路程，那么扜泥城恰好就在且尔乞都克的位置上①。

从上述数据出发，我们才可以排除一切疑虑，清晰地解释出《新唐书》卷四十三下所记载的从石城镇到播仙镇这一路段的里程②，并得出其他相关结论。原文如下（括号里为相应注解）：

"石城镇，汉楼兰国也，亦名鄯善（都城为今且尔乞都克古城），在蒲昌海（今罗布泊）南三百里。

又西二百里至新城（今瓦石峡附近遗址），……又西经特勒井（或许为今铁木力克），渡且末河（今车尔臣河），五百里（从新城开始计算）至播仙镇，故且末城（今车尔臣）也。"

以上描述最为清晰地再现了从且尔乞都克通往车尔臣的路径，考虑到汉代文献里的相关记述，这一描述同样显得非常重要。根据《新唐书》里的记载，石城镇（鄯善，今且尔乞都克）与播仙镇（且末城，今车尔臣）相距 700 里，在《汉书·西域传》里"鄯善西通且末七百二十里"，由此人们无需再去证明，两部文献里记述的是同一条也即今天的路线。同时不言而喻的是，车尔臣河无论是在汉代、唐代还是在今天，至少截至古道与河流相交的地方肯定大致是在相同的河道里流淌的。因此至少对于上述时期而言，赫定现在所提的观点也是无效的，他认为车尔臣河过去在车尔臣东北方向 60 千米的地方

101

---

① 先前格瑞纳就已经将扜泥城认定为且尔乞都克古城（引文出处同上，第 2 卷，第 61 页），而沙畹迄今并没有为扜泥城确定任何现代名称。

② 参见沙畹对于《宋云行纪》评注的重译（收录于《法国远东学院通报》，1903 年，第 391 页注释 1）。

就已经开始逐渐向北偏移了（参见第 74 页）。

§85. "楼兰"和"鄯善"这两个地理概念之间是何关系，这一有趣的问题尚未得到澄清。《汉书·西域传》里记载："鄯善国，本名楼兰。"毫无疑问，刚刚提到的《新唐书》里的信息［"石城镇（今且尔乞都克），汉楼兰国也，亦名鄯善。"］也起源于这条记录。人们从中推断，"楼兰"和"鄯善"这两个不同的名称指涉具有相同都城的同一个西域国家①；根据我们的考察研究，这一都城（扜泥城）即为今天的且尔乞都克古城。

众所周知，1901 年 3 月，赫定在罗布荒原北部（北纬 40°31′34″下方和东经 89°50′53″的地方，参见第 62 页）发现了一处古城遗址，依据找到的遗物，赫定断定那里便是从前的楼兰古城。因为根据汉学家卡尔·希姆莱的考察研究，在遗址内发现的简牍文书和纸片上多次出现的"楼兰"一词，并且从上下文关系可以毫无疑问地推断，"楼兰"就是昔日这座古城的名字②。

如果我们现在想援引马戛尔尼的观点，同样将鄯善国都城迁移至楼兰古城这里，这将会是不正确的做法。倘若我们想基于沙畹的观点，引证先前提到的《新唐书》里的描述，否认罗布荒原上的遗址

---

① 参见李希霍芬，《中国》，第 1 卷，第 461 页注释 1；乔治·马戛尔尼，"中国史料对楼兰或鄯善古国的评论"（Notices from the Chinese sources on the ancient kingdom of Lau-Lan or Shen-Shen），《地理杂志》，第 21 卷，1903 年，第 260－265 页。

② 希姆莱，"斯文·赫定在古罗布泊旁边的发掘"（Sven Hedins Ausgrabungen am alten Lop-nur），收录于《彼德曼地理通报》，1902 年，第 288－290 页。希姆莱去世后，孔好古（A. Conrady）继续对遗址内的发掘物进行研究，根据赫定收集的简牍文书，他十分肯定那座遗址就是楼兰古城（由赫定正式地对外通报，见《地理杂志》，第 34 卷，1909 年，第 270 页）。相反，1906 年 12 月斯坦因在仔细考察该遗址之后，将楼兰古城更名为且尔乞都克古城，他这样做似乎仅仅以玄奘的记述为支撑［见《印度文物工作者》（*The Indian Antiquary*），1910 年，第 16 页］。

可能便是楼兰古城①，这样做也是欠妥当的。鉴于《新唐书》的记载可追溯到更古老的汉代文献，恰恰在这种情况下，官方文书要比流传下来的文字更具可信度。

102　　沙畹与中国学者罗振玉、王国维等人的看法如出一辙，他提出一种完全不同的观点，即认为楼兰或为今天吐鲁番以东的皮山城，或是公元9世纪和10世纪中国文献里提到的位于皮山城和伊吾（今哈密）之间的弩支城。沙畹尝试在其《〈魏略·西戎传〉笺注》里证实后一种情况②，因为《魏略》（记述公元220年即东汉王朝结束之年之后不久的历史时期）里明确出现过"故楼兰"字样，也就是《汉书·西域传》里记载的楼兰。但是出于各种原因，沙畹并未成功地做到这一点，这在下文中将会介绍。

　　沙畹将研究重心主要放在了《唐书》里的一句记录上，据此上文提到的弩支城是在古鄯善城原址上建成的。沙畹本人亲承，约公元810年成书的另一部作品③里的相关记载与《唐书》中的内容并不完全相符，因为按照后者的记述，弩支城是由从鄯善迁居而来的康国人筑成的。照此看来情况必定是这样的，即康国人从鄯善移居至皮山城地区，在那儿建起新城即弩支城。据我看这是唯一可信的解释，而沙畹提出的弩支城与古鄯善城同属一地的观点实不可取。但这样说始终仍未证明鄯善国即楼兰古国。迄今我们只了解到西域地区孕育了一些面积较小的绿洲国家，怎可能会有一个鄯善国横空出世，其疆域从罗

---

①　见《通报，或关于东亚历史、语言、地理和民族学的档案》，1903年，第426－427页；同样可参见《通报，或关于东亚历史、语言、地理和民族学的档案》，1905年，第537页注释1。

②　见《通报，或关于东亚历史、语言、地理和民族学的档案》，1905年，第531页注释1、533页注释1、537页注释1。

③　此处指的是由李吉甫编纂而成的《元和郡县图志》。

布泊南部向东北方扩展约 500 千米直至天山？按照沙畹的描述人们不得不提出这样的假设。

　　由此看来，沙畹给西汉文献里关于楼兰的直接描述赋予了一种自己的主观解读，他的解读有别于原文献中的真实描述。这种情况之于公元前 126 年张骞对楼兰古国的报道尤为明显，《史记·大宛列传》里是这样记载的："楼兰、姑师邑有城郭，临盐泽。"沙畹认为文献描述所表达的意思应为，楼兰和姑师这两个国家通过往来道路与罗布泊地区相连。楼兰位于皮山附近，姑师一般指车师，其面积涵盖了吐鲁番地区，这是沙畹所预设的先决条件，正是从这一前提出发他才不得已做出上述奇特的解释。我们刚刚探讨过，认为"楼兰位于皮山附近"这样的前提是站不住脚的。至于对姑师国地理位置的看法，我们没有任何文献可以依据，以证明"姑师即车师国（今吐鲁番）"这一说法是正确的。因为在张骞所处的时代，吐鲁番地区对于中国人来说尚完全陌生。只有按字面解读，人们才能理解原文关于楼兰、姑师这两个国家的描述。因而赫定发现的遗址正是昔日的楼兰古国，这一点不容置疑。

　　沙畹在对公元前 108 年发生于西汉时期的一次历史事件进行阐释时也犯下了同样的错误。该事件出自《史记·大宛列传》，讲述的是西汉将领赵破奴俘获楼兰国国王，使姑师国臣服大汉，将汉朝势力扩张至乌孙（位于伊塞克湖流域和伊犁盆地）和大宛（今费尔干纳），原文如下："其明年（汉武帝元封三年，即公元前 108 年），击姑师，破奴与轻骑七百余先至，虏楼兰王，遂破姑师。因举兵威以困乌孙、大宛之属。"沙畹肯定由此得出了错误的结论，认为赵破奴曾引兵越过哈密和吐鲁番地区，而事实上赵破奴当时是向南部纵深挺进，并穿过了罗布泊地区。在此段描述之前还有一句记录同样毋庸置疑①：
"而楼兰、姑师小国耳，当空道……"。"空道"即"孔道"，意为
"交通要道"，这一名称在《汉书》里也出现过，并且只用来描述西
域南部的通道②。结合以上论证，近期考古发掘的结果再次完美地证
明了在罗布荒漠里发现的古城正是中国古代文献里记载的楼兰国。这
一事实是不可动摇的。

　　综上我们认识到，楼兰国都城与鄯善国都城（今且尔乞都克古
城）在地理位置上没有任何关系。可如果这样，《汉书·西域传》里
的记载（"鄯善国，本名楼兰"）又如何解释呢？这一问题基本上已
由沙畹做出了回答③。他援引《汉书》里的一段陈述，指出公元前
77 年，一支西汉军队摧毁了楼兰国的统治，拥立新王，更其国名为
鄯善④；同时沙畹谈到，鄯善在立国后肯定将都城迁移到了罗布泊南
岸。即便今日，人们也无法对此提出疑问。

　　中国古代的文献称在楼兰国内部成立了新的鄯善国，综上而言，
104　这样的文字记载显得非常模糊。或许鄯善国之前就已存在，不过它只
包括扜泥地区（且尔乞都克），可能归属楼兰管辖。因为考虑到扜泥
和楼兰国都城之间遥远的距离，人们很难想象当时楼兰国的面积向西
南纵深延伸直至跨越且尔乞都克的疆界。在楼兰国政权被推翻之后，
其境被并入鄯善国疆域。自此，鄯善国面积涵盖了丝绸之路南道沿线

---

　　①　见《英国和爱尔兰皇家人类学研究所杂志》，1881 年，第 25 页。沙畹并未提及原始文献中的这句记录。

　　②　引文出处同上，第 23、28、29 页。

　　③　见《通报，或关于东亚历史、语言、地理和民族学的档案》，1905 年，第 533 页注释 1。沙畹认为楼兰不在罗布荒漠，而是位于皮山附近，他的观点对于这一问题并不重要。

　　④　见《英国和爱尔兰皇家人类学研究所杂志》，1881 年，第 27 页。

的大片区域，它们从车尔臣河下游一直延伸至汉长城的两大关隘即玉门关和阳关①。众所周知，汉代编年史的原始文献是在公元前 30 年前后，也就是在楼兰国灭亡之后才产生的，因此汉代编年史里没有关于楼兰古城的距离参数，这一点也是可以理解的。

如上所述，汉代编年史的编撰者不可能知晓"楼兰"和"鄯善"最初是两个完全不同的地理概念，《汉书·西域传》里的记载（"鄯善国，本名楼兰"）便是明证。后朝编年史作者的错误观点明显发轫于此②，就连玄奘的错误看法也要归结于此，他认为且尔乞都克地区即是从前的楼兰古国。

楼兰国于公元前 77 年衰亡，但是"楼兰"这个名字却在当地民众的思想里继续存在。公元 2—6 世纪的中国文献记载便说明了这一点，它们也对楼兰和鄯善地区作了明确区分，这在迄今未被重视的关于东汉将领班勇的一篇报道里表现得最为明显。公元 119 年，当东汉政权几乎快放弃对西域的控制时，班勇力排众议，建议汉安帝派兵驻守楼兰，并对自己的建议做出有理有据的解释。《后汉书·班勇传》里有如下记载："又宜遣西域长史将五百人屯楼兰，西当焉耆（喀喇沙尔，今焉耆）、龟兹（今库车）径路，南强鄯善、于阗（今和田）心胆，北捍匈奴，东近敦煌，如此诚便。"

《魏略·西戎传》里有两处提到楼兰，一处是我们先前已经探讨过的"故楼兰"（"……从沙西井转西北，过龙堆，到故楼兰。"）；另一处将"楼兰国"与其他几个西域国家一并列举，以说明它们依附于鄯善（"……南道西行，且志国、小宛国、精绝国、楼兰国皆并

---

①　参见第 79 页所引《后汉书》里的相关记载。
②　参见郦道元的《水经注》（见《通报，或关于东亚历史、语言、地理和民族学的档案》，1905 年，第 567 页），以及第 101 页所引《唐书》里的相关记载。

属鄯善也。"）①。两处记载或许出自不同的原始文献。

郦道元（生年不详，卒于公元527年）在其《水经注》一书里同时提到了鄯善国和楼兰城，并准确地将楼兰城的位置确定在古代塔里木河（库鲁克河）沿岸，也就是在距离塔里木河汇入盐泽（罗布泊）不远的地方②。可想而知，郦道元没有料到他所提及的楼兰城正是汉代编年史里记载的楼兰。和其他中国学者一样，他也将汉代编年史里的楼兰与鄯善混为一谈。对于自己笔下的楼兰城，郦道元又补充记述道，在西晋将领索劢③于当地驻军屯田之后，才开始有了"楼兰城"这一名称。

另一方面，东晋高僧法显（公元399年）和北魏高僧宋云（公元518年）的记述里也显示，楼兰不仅仅是在公元前77年之后的西汉时期，而且在接下来的几个世纪里也都归属鄯善。法显自称从敦煌出发，西行1 500里或经过17日行程后抵达鄯善国，从鄯善开始又继续向西北方向行至乌夷国④（即焉耆国，今喀喇沙尔或焉耆）⑤。而宋云则在《宋云行纪》中写道，自己从鄯善西行1 640里，至左末城（即且末，今车尔臣）⑥。从这两组距离参数（也可参见第52页）足以看出，上述两例都把鄯善理解为楼兰地区。

§86. 今天如果想从且尔乞都克出发前往敦煌，人们一般都取道

---

① 见《通报，或关于东亚历史、语言、地理和民族学的档案》，1905年，第537页。
② 见《通报，或关于东亚历史、语言、地理和民族学的档案》，1905年，第570页。
③ 见《通报，或关于东亚历史、语言、地理和民族学的档案》，1905年，第567－568页。
④ 见《通报，或关于东亚历史、语言、地理和民族学的档案》，1905年，第564页注释2。
⑤ 理雅各，《法显行传》（或称《佛国记》），牛津，1886年，第12－14页。
⑥ 见《法国远东学院通报》，1903年，第390页注释9。

罗布泊南侧，但是在汉代，人们选取的是当时古罗布泊（盐泽）西侧和北侧的一条通道，并且沿途要经过楼兰和姑师①，今天我们认为，楼兰国和姑师国分别位于古代塔里木河在汇入罗布泊之前的两条支流河畔（参见第 65 页）。以下汉代编年史里的描述证明了丝绸之路南线古道的确穿越了上述地区②。其中一处描述在第 103 页已经提到过，即《史记·大宛列传》里记载的"楼兰，当空道"，"空道"同"孔道"，意为"交通要道"，也就是这里所说的丝绸之路南线。另一处描述出自《汉书·西域传》（"鄯善国，本名楼兰，王治扞泥城，去阳关千六百里"），该记载间接证明了从丝路南道的起点阳关到扞泥城（今且尔乞都克古城）的距离应为 1 600 里。鉴于上述两地在罗布泊南侧古道上的间距不超过 480 千米（= 1 200 里），因此"1 600 里"这一数值必定是在途经楼兰的另一条更长的路线上测得的。在此我们也可回想起前文（参见第 104 页）引用过的东汉将领班勇的建议，他的话表明了楼兰所处的极其便利的地理位置。

首先就扞泥城（今且尔乞都克）和楼兰主要居民点之间的交通线路而言，它好像只有一小部分与今天众多线路中的一条吻合，也就是且尔乞都克和米兰古城之间大约 85 千米长的路段。斯坦因 1907 年在米兰古城开展的考古工作特别成功③，他的考古发掘显示，米兰这个地方

106

---

① 最后关于姑师国的文字记载涉及公元前 106 年，当时西汉将领赵破奴（参见第 103 页）俘获楼兰国国王，使姑师国臣服汉朝廷（见《亚洲学报》，第 2 卷，1828 年，第 436 页）。

② 只有《魏略·西戎传》详细描述了连接敦煌玉门关和西域的三条通道，即南道、中道和新道。其中对位于罗布泊南侧的南道记载如下："从玉门关西出，经婼羌（今藏北地区，参见§92）转西，越葱领（今帕米尔高原等地）……，为南道。"（见《通报，或关于东亚历史、语言、地理和民族学的档案》，1905 年，第 529 页）

③ 见《地理杂志》，第 34 卷，1909 年，第 29 – 31 页；《维也纳皇家地理学会通报》，1909 年，第 302 – 303 页。

过去是中国通往西域途中的一处重要驿站。从米兰开始，道路一定转向了东北方向，因为楼兰作为距离米兰最近的、规模较大的居民点就位于这个方向。当时人们徒步横穿干涸的喀拉库顺湖湖盆，接着或许一直沿盐泽西缘行进，直至在塔里木河的尾水附近抵达楼兰。从且尔乞都克至楼兰这段路程的总长估计可能为 260 千米（= 650 里）。

§87. 因此根据计算，楼兰和阳关之间的距离肯定是 950 里（1600 里–650 里）。虽然连接楼兰和阳关的路线所经地区今天尚未被全面考察，但可以确定的是，两地之间的大部分地区都为沙漠所覆盖——西面是罗布沙漠，东面是库姆塔格沙漠，它们在北面又与库鲁克塔格沙漠连成一片。早在两汉时期肯定就是类似的情况，从前文（参见第 58 页）我们已经知道，几次被提及的"白龙堆"就位于罗布沙漠东北地带。

《魏略·西戎传》向我们提供了从楼兰至阳关或者从楼兰至玉门关这段路程的更为详细的信息，该路段在《魏略》里是作为所谓中107 道的一部分而出现的。原文描述如下："从玉门关（第一站）西出（第二站）①，发都护井（第三站），回三陇沙北头，经居卢仓（第四站），从沙西井（第五站）转西北，过龙堆（即《汉书·西域传》

① 见《通报，或关于东亚历史、语言、地理和民族学的档案》，1905 年，第 529 – 531 页。在沙畹看来，尤其是根据他在《通报》第 534 页注释 1 里的评述，丝绸之路中道并未穿越罗布泊地区，而应北向途经哈密和巴里坤，然后沿天山南麓延伸。沙畹是基于错误的先决条件提出这一观点的。首先，沙畹认为中道的起点玉门关不在敦煌以西，而是位于敦煌西北方向；接下来，特别如我们在第 102 页所见，他将楼兰的位置确定在皮山城和哈密之间。在此还需做出以下说明：《魏略·西戎传》里专门辟出重要一段，简要描述了从敦煌玉门关入西域的南道、中道（我们在此探讨的）和新道（引文出处同上，第 529 – 535 页）。后来《魏略》在下文另一处又对同名的三条通道做了更为详尽的描述（引文出处同上，第 535 – 562 页）。但是相比之前的描述，人们发现这两处描写在一定程度上涉及完全不同的交通线路。按照先前的描述，中道应当途经楼兰和龟兹（今库车）；（见下页）

所见'白龙堆'，龙形长条状土丘群)，到故楼兰（第六站），转西诣龟兹，至葱领，为中道。"以下评注应能显示，这些记述对我们而言极具研究价值。

如上记载，中道上从玉门关至楼兰沿途应穿越两处沙漠，即三陇和龙堆。鉴于我们知晓这条路段的终点位置，因此很清楚，三陇仅仅是库姆塔格沙漠而已，而龙堆则可能是罗布沙漠东北部分，之前我们已经基于汉代编年史记载将之确定为龙形沙丘群（中文文献里称"白龙堆"）。

根据《魏略》记载，中道从都护井开始的那一段路程至三陇沙北头又再次折回。由此可以推断，先前肯定有一条反方向的道路可走。这就与我们在前文（参见第79–80页）对长城最西边两座关隘所处的地理位置做出的判断完美契合了。玉门关就处在库姆塔格沙漠的最北端，从那里开始古丝绸之路沿长城逐渐向西南偏南的方向转向，也就是说在穿过沙漠腹地之后，最后在阳关附近抵达长城的终点。若是正确理解《魏略》里的记述，那么丝绸之路中道随后一定又转向西行，以便不久在到达沙漠"北头"之后转向折回。 108

当然，《魏略》里只字未提阳关，相反我们从中读到的是，中道"从玉门关西出"。在描述南道时文献里也是同样的说法（"从玉门关西出"）[1]；而在涉及所谓的新道[2]时，《魏略·西戎传》里是这样记述的："从玉门关西北出，经横坑，辟三陇沙及龙堆，出五船北，到

（接上页）可是若按这里的描述，则中道并不经过楼兰，而是更倾向于偏北途经焉耆（今喀喇沙尔或焉耆）。由此表明，这两处描述出自不同的原始文献，而相同的命名或许是由《魏略》编撰者鱼豢导致。沙畹未能注意到这一点，这好像也是他将中道上途经楼兰的路段向北迁移了很远的原因。

[1]　见《通报，或关于东亚历史、语言、地理和民族学的档案》，1905年，第529页。

[2]　引文出处同上，第532–534页。

车师（今吐鲁番）界戊己校尉所治高昌，转西与中道合龟兹，为新道。"由此可见，新道是完全不同于北道和南道的一条路线，由于要避开三陇和龙堆这两处沙漠，因此它肯定在玉门关附近就偏离了长城的走向，只有这样它才明显能够从西北方向到达吐鲁番地区。《魏略》里提到的"西北侧"和"西侧"到底指的是什么，现在我们已经完全清楚了，它们指的正是长城的西北侧和西侧。换言之，玉门关肯定位于长城西北侧，而阳关则在长城西侧。这再度与我们之前对玉门关和阳关以及长城最西端所做的描述相吻合。

通过上述探讨，我们基本上确定了楼兰和阳关以及楼兰和玉门关之间的路线。接下来我们要面对的问题就显得不再困难了。

首先就玉门关至楼兰途经的第三站，即所谓的都护井而言，若是将它与其他沿途站点联系起来，则它所在的位置距离阳关以西大概一日左右的行程。随后正如记载里所言，中道向北行至库姆塔格沙漠北缘后转向折回。紧接着中道又途经居卢仓和沙西井，这两个地方当然要在当时罗布泊东缘和玉门关之间去找寻。它们的地理位置也能够被精确地确定，因为通过科兹洛夫、在一定程度上也通过赫定的考察工作，我们对这两个地区已经有所了解①。人们在这里只发现了三处有水的地方，它们从西南偏西到东北偏东方向依次为库木库都克、托格拉库都克和阿奇克库都克。阿奇克库都克在此可不予考虑，因为它处在东面过远的地方。因此我们可以肯定地将托格拉库都克确定为居卢仓，把库木库都克等同于沙西井。从赫定的考察研究中人们也能看出，托格拉库都克过去曾是一个常被光顾的停歇点。因为赫定从这里

109

---

① 参见《彼德曼地理通报》（增刊），第131期，1900年，第144页；赫定，《1899—1902年中亚科学考察成果》，第2卷，第174-175页；《地图集》第2册第49幅图。

开始向北发现了一些零星散布的石碑，它们当年一定是作为路标，向过往的商旅行人指明方向①。我想把这条线路看作在两汉时期连接阳关和伊吾（哈密）的那条通道（参见第81页）。

据《魏略·西戎传》记载，丝绸之路中道从沙西井开始转向西北，这又与人们今天观察到的情况相符。因为在我们看来，沙西井就是今天的库木库都克，而古罗布泊（盐泽）就在库木库都克以西不远处延展开来，故而中道途经的沙西井（库木库都克）必须避开盐泽北缘。前文已经强调过（参见第106页），中道从沙西井转向西北，继而穿越以"龙形"沙丘群为典型特征的沙漠，以便在楼兰再次遇到热闹繁华的居民点。通过以上考量，我们也探讨了古丝绸之路南线上的最后一段路程。

第四节　丝绸之路各交叉路线

§88. 综述。§89. 塔里木盆地以西的三条路线。§90. 塔里木盆地以东的三条路线，其中包括后来提到的丝绸之路中线的一条支线。

---

① 赫定，《1899—1902年中亚科学考察成果》，第2卷，第106-107页。赫定在托格拉库都克以北约40千米处发现，原先向北延伸的道路在这里开始分岔：一条道转向西北，可能通往吐鲁番；另一条则向西南偏西方向的楼兰延伸。考虑到这三条线路之间互为锐角，并且如赫定所言，它们彼此连结成一片平缓的波浪形地带，且从不同方向皆可抵达，那么极有可能还存在第四条向北或者向东北方向分岔的道路，只是赫定忽略了这条线路而已，它的终点最有可能就是哈密。这一假设基本上毋庸置疑，因为《后汉书》里描述的从阳关通向伊吾（哈密）的道路就处在这片地区。此外值得注意的是，如果我们使通向东北方向的分岔路向反方向延长，它将正好在玉门关附近抵达长城所在的位置，因此应当也有一条通向此处的线路存在。事实上我们已经认识到（参见第108页），《魏略·西戎传》就曾描述过这样一条从玉门关东北方向通往吐鲁番的道路。由此可见，赫定似乎在托格拉库都克以北发现了一处丝绸之路诸条古道极其重要的交会点。

§88. 鉴于塔里木盆地的中心为塔克拉玛干沙漠所覆盖，因此今
110 天只有三个地点可能将丝绸之路北线和南线连接起来，它们分别是叶
尔羌河流域、和田河流域和塔里木河下游河段。其中重要的仅仅是叶
尔羌和阿克苏之间的叶尔羌河沿线。

迄今人们几乎没有研究过，两汉时期都有哪些丝绸之路的交叉路
线被投入使用。尽管如此，在这方面《汉书》仍不失为首选的参考
文献。《汉书》里有六处记载给出了北线某地和南线某地之间的距离
参数。因此我们可以区分出六条不同的交叉路线，其中三条在塔里木
盆地以西，另外三条则位于塔里木盆地以东。

§89. 最西面的交叉路线是我们已经熟悉的（参见第 38 页）疏
勒国（今喀什噶尔）和莎车国（今叶尔羌）之间的路段；今天人们
或许会认为它属于丝绸之路南线上的一段路程，但实际上它应该是从
莎车开始越过葱岭（帕米尔高原等地），并继续向西延伸。

《汉书》里并未提到当今常被使用的从喀什噶尔到巴楚以及从叶
尔羌到巴楚的路线。相反，沿东北偏北方向继续延伸至阿克苏的路线
很有可能是塔里木盆地以西另一条交叉路线的支线，据汉代编年史记
载，它应当从皮山国（固玛，今皮山县）北行 1 340 里至姑墨国（今
阿克苏）[1]。考虑到汉代文献里给出的距离参数，我们可以认为这条
路线的走向如下：从固玛开始它起初与南线重合，但不久便转向西
北，偏离了左侧的叶尔羌；它大概在叶尔羌以北地带跨越了同名的叶
尔羌河，紧接着又沿今天的路线直至温宿县，即古代姑墨国都城
南城。

---

① 见《英国和爱尔兰皇家人类学研究所杂志》，1881 年，第 31 页。

第三条交叉路线连接了姑墨国（今阿克苏）和于阗国（今和田）①，它或许沿和田河流向延伸。不同于其他路线，这段路程的长度不是以"里"为单位测得的，而是以"行程天数"为单位加以描述，因而那可能是基于某一当地人的口述信息所做的记载。就位于于阗国和鄯善国（今罗布泊）之间的西域国家而言，汉代编年史并未明文记载，它们应该是和北方大片区域直接连成了一片。汉代文献里列举了从东北、北或是西北等不同方向通往乌垒城（今策达雅地区）的精确距离，但我们决不能被这种情况迷惑，因为第 42 - 43 页上已经证实，那些数据实际上都是经由鄯善绕道测得的。

§90. 通过以下途经鄯善国（今罗布泊）的路段所包含的距离参数②，我们可以对塔里木盆地以东的三条交叉路线有所了解。　111

1. 从扜泥城（今且尔乞都克）西北　至　乌垒城（今策达雅地区）　1 785 里

2. 从扜泥城（今且尔乞都克）　至　山国　1 365 里

从山国西北　至　焉耆国（今喀喇沙尔或焉耆）③　160 里

3. 从扜泥城（今且尔乞都克）西北　至　车师国（今吐鲁番）　1 890 里

在两汉时期，且尔乞都克以北沙漠并不像今天这样被塔里木河下游河水阻断，因此塔里木盆地以东的三条交叉路线只有沿东北方向绕道楼兰才可能与北线顺利连接，在此之前它们肯定是与南线重合的。这三条路线的长度同时证明了这一点。这种情况在核实"1 785 里"这一数值时表现得最为明显，该数值所描述的扜泥城至乌垒城的路线又由三条支线组成，其中支线 a 属于丝绸之路南线，支线 c 属于丝绸之路北线，通过前文我们已经知晓这两条支线的长度。现将具体数据

① 见《英国和爱尔兰皇家人类学研究所杂志》，1882 年，第 94 页。
② 见《英国和爱尔兰皇家人类学研究所杂志》，1881 年，第 23 - 24 页。
③ 见《英国和爱尔兰皇家人类学研究所杂志》，1882 年，第 105 页。

整理如下：

1. a）从扜泥城东北　至　楼兰　　　650 里（参见第 106 页）

　　b）从楼兰西北　　至　尉犁国　　835 里

　　c）从尉犁国西　　至　乌垒城　　300 里（参见第 38 页）

　　从扜泥城　　　　至　乌垒城　1 785 里

　　综上可知，真正的交叉路线应是连接楼兰和尉犁国（今尉犁县）的支线 b，它在文献记载里的长度为 835 里，这应该符合楼兰至尉犁国的真实距离。这条古道基本上早已被遗弃，赫定在不同地点又重新发现了它的多处遗址①，因此我们可以详细地追踪它的走向。在楼兰附近，该条支线从西北偏西向西北方向延伸，它似乎是在沿库鲁克河，即当时的塔里木河下游伸展，而且也途经了营盘遗址。从营盘古城开始，它总体上与从铁干力克西北通往库尔勒的路线重合，在今天的道路沿线上仍矗立着一些古代烽燧和石塔。

　　同时我们认识到，连接楼兰和尉犁国的支线是《魏略·西戎传》里已经提及的（参见第 106 页）那条中道上最重要的路段。我们将在下文看到，特别是在两汉时期，丝绸之路中道在往来交通中扮演过重要角色，因此我们想在此将"中道"这一名称应用于汉代，只不过需要注意的是，阳关至楼兰路段与丝绸之路南线重合，尉犁国至疏勒国（今喀什噶尔）路段则与北线重合。

　　此番探讨之后，我们不难确定以下交叉路线的长度：从扜泥城（今且尔乞都克）至山国应为 1 365 里，山国和焉耆国（今喀喇沙尔或焉耆）之间的距离则是 160 里。山国亦作墨山国，据《汉书》记

112

---

　　①　见《彼德曼地理通报》（增刊），第 131 期，1900 年，第 75 页；《亚洲腹地探险》，第 1 卷，1903 年，莱比锡，第 280－281 页、第 287－289、315、318－319 页；《1899—1902 年中亚科学考察成果》，第 2 卷，第 645－646 页。

载其坐落在群山之间（"山出铁，民山居"）①，《后汉书》里也称之为"山国"（"<班>乃立焉耆左侯元孟为王，尉犁、危须、山国皆更立其王"）②。根据文献里记载的距离参数③，我们可以把山国认定为辛格尔绿洲，即库鲁克塔格西部唯一面积较大的绿洲。或许在古代山国和今天的辛格尔之间也存在某种词源学的关联。文献里给出的从山国至扞泥城的距离（1 365 里）促使我们做出假设，相关路线在延伸过程中途经了楼兰，只有在营盘古城附近，它好像才偏离了先前的交叉路线。因为正如亨廷顿于1906年年初发现的那样④，有一条古道从营盘古城开始，经由兴地遗址朝喀喇沙尔方向延伸。

同样，扞泥城（今且尔乞都克）至营盘或者兴地路段上通往车师国（今吐鲁番）方向的最后一条交叉路线也可能与先前提到的路线是一致的。继续向北延伸，第三条交叉路线应该会在北纬42°20′下方、东经88°20′的区域与北线重合，继而依循北线到达吐鲁番地区。文献记载的距离（1 890 里）仅仅与该路线的总长度相一致。

第五节　通往婼羌国（位于柴达木河南岸）国都的路线

§91. 通往婼羌国国都（依克查汗格尔？）的路线。 §92. 婼羌族人。

---

① 见《英国和爱尔兰皇家人类学研究所杂志》，1882年，第105页。
② 见《通报，或关于东亚历史、语言、地理和民族学的档案》，1907年，第208页。
③ 起决定性作用的是《汉书·西域传》里记述的"山国，西至尉犁二百四十里"。之前格瑞纳就把山国等同于辛格尔绿洲（见德·兰斯和格瑞纳，《亚洲高地科学考察报告（1890—1895年）》，第2卷，第61页）。
④ 亨廷顿，《亚洲的脉搏》，第274页。

§91. 有两条道路通往西藏腹地，其具体走向尚不确定，《汉书·西域传》里的如下记载对此有过描述①："出阳关，自近者始，曰婼羌。婼羌国王号去胡来王②。去阳关千八百里，去长安（今西安府）六千三百里③，辟在西南，不当孔道（即南道）。……西北至鄯善（都城为今天的且尔乞都克），乃当道云。"

上面引文中的最后一句记述毫无疑问指向那条路径，它以今天的且尔乞都克古城为起点，在塔什达坂要冲（海拔 5 200 米）跨越阿尔金山，继而沿东南方向通往柴达木盐沼。这样看来，从阳关出发的路线只可能在起点以南越过地势较低的安巴纳山口（海拔 2 878 米），然后在距离加斯库勒湖不远的地方与另一条路线重合。"1 800 里"这一婼羌到阳关的距离将我们引至依克查汗格尔，它是坐落在柴达木盆地南缘的第一处成规模的居民点。因此我们可以推测，这里便是婼羌国的都城所在地。从上述引文可知，同一任婼羌国王在西汉统治时期长期归顺中国④；到了东汉统治时期，情况是否亦是如此不得而知，因为文献里对此只字未提。值得注意的是，汉代编年史里丝毫没有提及一条从柴达木盆地以东通往中原的路径。

---

① 见《英国和爱尔兰皇家人类学研究所杂志》，1881 年，第 23 页；沙畹对这段文字有过重译和修正，见《通报，或关于东亚历史、语言、地理和民族学的档案》，1905 年，第 526 页注释 8。

② "去胡来王"为婼羌王的封号，因其祖先曾脱离匈奴、投归汉朝而获得汉朝嘉奖。

③ "6 300 里"是婼羌至阳关（1 800 里）和阳关至长安（4 500 里）这两段距离的相加之和。

④ 史书里也记载道（见《英国和爱尔兰皇家人类学研究所杂志》，1882 年，第 110 - 111 页），公元 2 年，婼羌国屡遭邻国赤水羌抢劫，自身又无力击败强敌，获赠"去胡来王"封号的婼羌国王唐兜只好向西域都护但钦求救，可是但钦拒绝出兵援助，无奈之下唐兜率领部众归顺了匈奴单于。后来单于将去胡来王遭还给汉使，唐兜被押解回朝后不久便遭斩杀。

§92.《汉书·西域传》里同样记述道，婼羌族人不从事任何农业耕作，而仅以游牧为生，其粮食供应主要依靠鄯善国（今罗布泊）和且末国（车尔臣，今且末县）；婼羌人使用的各式各样的兵器皆由当地山中出产的铁矿石锻造而成。当然作为羌族分支，婼羌人主要生活在阿尔金山东部和柴达木河沿岸。但是《汉书》中的以下记载[①]也指明了婼羌族人的其他生活区域，也就是说他们还活跃在以下地区：114

小宛国（今达赖库干村?）	以东[②]
戎卢国（今塔勒克勒克?）	以南
渠勒国（今沙雅?）	以东
于阗国（今和田）	以南
难兜国（今印度河上游的达迪斯坦）	以南

根据以上记载，"婼羌人"可以涵盖塔里木盆地以南的所有藏人。当然可想而知的是，分布在柴达木盆地和克什米尔之间不同地区的藏人肯定也会有不同的族称。

第六节　总结

§93. 丝绸之路北道、南道和中道。§94. 丝绸之路各交叉路线。§95. 跨越天山和昆仑山的路线。

§93. 在对各条丝绸之路进行归纳总结的同时，我们也应当指出古丝绸之路和当今丝绸之路各线在走向上的巨大差异，并解释为何会

---

① 见《英国和爱尔兰皇家人类学研究所杂志》，1881年，第28-30、33页。
② 这里所说的方向指的可能是起初途经道路的走向。

存在这样的差异。这样做尤显富有意义，因为除汉代编年史里最早的记载和描述之外，迄今我们无法从任何其他古代文献中获取对于丝绸之路路网的全面认识，也无从知晓古今丝绸之路在路况、走向方面的较大出入。

我们从丝绸之路北道开始。相比途经巴楚，今天从阿克苏经由乌什吐鲁番到喀什噶尔的这条路线已经很少再被使用了，而在古代情况正好相反。从阳关至哈密的路段今天已被遗弃，它在北线中长度的占比不到总长的七分之一。

丝绸之路南道上阳关至叶尔羌各条路线的变迁情况要明显得多，它们占到了南道总长的大约三分之二。道路迁移的主要原因显然在于水文地理条件的变化。例如，下文将会显示，和田和车尔臣之间的古道之所以被遗弃，在一定程度上或许是因为克里雅河改道；且尔乞都克至阳关古道的遗弃则是因为塔里木河下游及其尾闾湖所处的地理环境发生了重大变化。

因此这一带的交通条件极度恶化。在古代，且尔乞都克和敦煌之间的沙漠地带上尚有一片面积较大的绿洲国家即楼兰古国，而到了今天，人们在罗布泊南部找不到任何在重要性和繁华度上能够与楼兰古城相比的居民点了。现在如果想要从中国西北边境出发抵达丝绸之路北道上的西域绿洲如库车和阿克苏，人们必须北向途经哈密和吐鲁番绕一大圈才行，而在古代，人们则会优先选择直接向西经由楼兰到达目的地。

我们援引《魏略·西戎传》里的相关记载，也把这条线路称作中道，它独特的重要性在于，在所有的道路当中它是连接中国和西域地区最短的通道，目前在中亚地区没有其他更为便利的替代路线。

在汉代，若是有人从中国出发想要抵达喀什噶尔，他可以在三条繁忙的线路之间做出选择，即北道、中道和南道（包括叶尔羌至喀什噶尔路段）；而今天人们只能选择北道这一条线路。就它们的长度而言，阳关和喀什噶尔之间这三条古道的距离关系如下：

1. 中道　　　　　　　　　　　　　　1 700 公里 = 7 周行程
2. 南道（包括叶尔羌至喀什噶尔路段）　1 900 公里 = 8 周行程
3. 北道　　　　　　　　　　　　　　2 100 公里 = 9 周行程

§94. 从塔里木盆地西部的一些显著变化当中，我们可以看出丝绸之路各交叉路线在古代和今天的不同走向。汉代编年史里未曾记载过一条从阿克苏到喀什噶尔的路线，也不曾记述过一条从阿克苏至叶尔羌的路线，相反，文献里却对一条从阿克苏直通固玛的路线做了描述，它使叶尔羌的位置向西发生了偏移。一条连接阿克苏与和田、沿和田河延伸的路线从古至今始终存在。

在塔里木盆地东部，丝绸之路各交叉路线古今走向的差异更为显著。丝绸之路南道各线在这里向南迁移，再加上当地水源状况的恶化，所有这些因素导致现在在该地区几乎谈不上有什么交叉路线了。116 两汉时期除了中道的相关支线之外还有另外两条路线，它们极有可能以位于中道上的营盘古城为起点，其中一条很快便转向喀喇沙尔，另一条则直接通向吐鲁番地区。

§95. 我们只了解为数不多的几条从新疆跨越天山和昆仑山的路线，它们在过去的走向与现在的走向并未出现明显偏差。首先就今天从哈密经由巴尔库勒（今巴里坤）和乌鲁木齐到伊犁盆地这条重要的商道而言，我们在此探讨的仅仅是截至艾比湖附近的路段。为了从吐鲁番地区出发抵达这条商道，当时人们并不经常选取沿西北方向通往乌鲁木齐的道路，而更倾向于北向通往奇台的路径。究其原因，当年在这一带占有举足轻重地位的并非乌鲁木齐，而是距离奇台不远、位于准噶尔盆地南缘的车师后国的都城务涂谷（今吉木萨尔附近）。汉代编年史里从未记载过一条从喀喇沙尔到伊犁盆地的道路，却谈到了一条直至今日仍十分繁忙的通道，它应当将乌什吐鲁番和伊塞克湖流域连接了起来。

在越过昆仑山通向西藏腹地的道路当中我们只遇见了两条。其中一条从阳关出发，另一条以且尔乞都克为起点，两者都以柴达木盆地所在地区为终点。

第六章　丝绸之路在古代中国与伊朗－图兰国家直接交往史上的重要意义

§96. 今天中国与帕米尔高原以西诸国的交通往来仅仅发生在丝绸之路北道上，而在汉代情况却大不一样。张骞于公元前 138 年至公元前 126 年出使并考察西域，在此期间他毫无疑问走的是丝绸之路南道①。当时人们几乎没有谈及在北道东段上直至盐泽（古罗布泊）的交通往来，因为沿线地区在那个时候由于匈奴军队的巡查而变得很不安全②。从楼兰道可达丝绸之路北线西段，或许在张骞公元前 116 年出使位于伊塞克湖湖畔的乌孙国之后，中国人才对西段的情况有所了解③。

公元前 114 年前后，中国（西汉王朝）开始与外邦（西域国家）建立定期的商贸关系，当时的通商往来都是在哪些路线上运行的？李希霍芬给出的答案是南道，他认为截止到公元 2 世纪中国与西域的商贸往来中断之前，南道是旅人商队唯一惯用的道路④。相反，W. 格茨（W. Götz）却对此提出很大疑问，因为他认为李希霍芬并未对自

---

① 之所以做出这样的推断，是因为张骞在其旅行报告中只提到位于南道沿线的绿洲王国，如楼兰国、姑师国、扜罙国、于阗国（参见第 31 页）。

② 当时匈奴人的势力范围一直扩张至盐泽（见《亚洲学报》，第 2 卷，1828 年，第 423 页）。

③ 见《亚洲学报》，第 2 卷，1828 年，第 430 页。

④ 李希霍芬，《中国》，第 1 卷，第 462、495 页。

已的观点做出充分解释①。鉴于我们现在已拥有新的重要的原始文献，故而下文我们将着重围绕这一问题展开论述。

第一节 公元前 114—23 年

§97. 通过修筑长城和其他防御工事，改善黄河与罗布泊之间的道路交通状况。§98. 北道和南道上的困难情况，以及中国人旨在克服困难的最初努力。§99. 在中道沿线建立军事屯垦制度及其最初的效果。§100. 商贸往来在南道、中道上的进一步发展。§101. 北道东段上后来的情况。

§97. 在丝绸之路开通的最初几年里，中国人必须面对各种各样的困难，但他们以不屈不挠、不知疲倦的意志逐渐克服了诸多困难。早期中国人饱受匈奴人侵袭之苦，公元前 121 年，中国从匈奴手中夺取了对兰州附近黄河流域直至罗布泊地区的控制权，以此打开了自由进出塔里木盆地的通道②。可是在此之后，中国人的"死敌"（匈奴人）肯定重新尝试封锁了中原和西域之间的交通路线。因为就在丝绸之路开辟后不久，为保卫新占领的边境地区、对抗匈奴人的侵扰和进犯，汉武帝不得不下令修建一道高大结实的边防护墙，由此他完成了自秦始皇时代起开始修筑的长城这一伟大工程，只不过秦长城的西段仅仅至洮河，也就是在兰州黄河上游不远的地方③。汉武帝统治时

118

---

① W. 格茨，《服务于世界贸易的交通路线》（Die Verkehrswege im Dienste des Welthandels），斯图加特，1888 年，第 507 页。

② 见《亚洲学报》，第 2 卷，1828 年，第 428 页；《英国和爱尔兰皇家人类学研究所杂志》，1881 年，第 22 页（第 1、2 行）。

③ 见《英国和爱尔兰皇家人类学研究所杂志》，1881 年，第 21 页。

期，新的长城约于公元前 110 年①开始修建，整个建筑工程肯定没过多久便告竣工，因为"玉门关"这一名称在汉代文献里于公元前 105 年就已出现②，我们已经将玉门关鉴别为是除阳关以外长城最西边的关隘（参见第 79 - 80 页）。西出玉门关和阳关，3—4 日之后人们便可来到古代盐泽（罗布泊）东岸。大约在公元前 95 年，汉武帝又命人在敦煌至盐泽沿线每隔一定距离修建一些防御设施，并派军士驻守，从此这段路程也被置于汉王朝的保护之下③。在此期间汉王朝在黄河渡口至玉门关沿线设置了四郡，即武威郡（凉州）、张掖郡（甘州）、酒泉郡（肃州）和敦煌郡，因四郡辖区地处黄河以西，故名河西四郡，该片地区亦称河西走廊。

所有上述举措显然对敦煌至盐泽沿线的交通最为有利，直至今日，从黄河到盐泽的道路交通在很大程度上仍十分活跃。这些举措之所以影响深远，是因为无论路途远近，运往西域地区和中国的所有物资都要在这里汇聚。

§98. 自中国人在玉门关拥有固定的据点（公元前 105 年前后）以来，他们便更有可能从这里开始，越来越多地利用纵横在塔里木盆地的各条路线促进东西方的商贸往来。根据司马迁的记述，据说大宛

---

① 见《亚洲学报》，第 2 卷，1828 年，第 433 页："当时在令居开始修建长城，这是在金塔县进行的有组织的建筑工程，它位于沿西北方向延伸的道路上。"（在此之前和之后所描述的事件，分别参见第 430 页注释 2，以及第 436 页注释 1）。建议优先参考 1881 年《英国和爱尔兰皇家人类学研究所杂志》第 22 页上的译文："……长城的修建始于令居以西，在金塔县地区告一段落……"。同时还可参见金斯密尔完全不可信赖的译文（见《皇家亚洲学会会刊》，1882 年，第 88 页连同注释）。

② 见《亚洲学报》，第 2 卷，1828 年，第 436、442、448 页；《英国和爱尔兰皇家人类学研究所杂志》，1881 年，第 25 页。

③ 见《亚洲学报》，第 2 卷，1828 年，第 449 页；《英国和爱尔兰皇家人类学研究所杂志》，1881 年，第 22 页。

国（今费尔干纳）国王曾经说过下列一番话，从中我们可以清楚地看出早期中国人须与何等的困难和危险作斗争。《史记·大宛列传》里原文如下①："汉去我远，而盐水（位于古盐泽沿岸）中数败，出其北有胡寇，出其南乏水草。又且往往而绝邑，乏食者多。"

　　以上表述集中反映了穿越塔里木盆地的旅途何其艰辛，中国人当时的任务就在于逐步排除诸多不利因素。大宛国国王在其表述里首先提到的"盐漠"极有可能要在位于古代盐泽，即汉代的罗布泊沿岸地区去找寻，它或许正是汉代编年史里提及的以龙形沙丘群为典型特征的沙漠，那是楼兰以东人们去往西域地区必然要穿越的荒漠（参见第 109 页）。很快，中国人便多少知道了如何使穿越该地区的旅行不再像先前的那样令人不堪忍受，因为他们敦促楼兰居民为汉使充当向导，并为使节提供水源和食物②。

　　正如上述引文继续说明的那样，在北道上人们担心匈奴人会突然发动袭击，因此最好的办法便是通过使用军事力量消除敌人的威胁。相比之下，克服南道上的不利因素更为困难，因为那里经常缺乏水源和食物。为此人们该如何应对？水草匮乏的情况在车尔臣河和尼雅河之间的路段上肯定尤为突出，因为在这段路上人们可能连续 10 天也碰不到规模较大的居民点。另一方面，即便是途经人口较为稠密的地带，往来商旅也要为此做好心理准备，即当地人没有能力或是拒绝向他们提供充足的食物。例如，公元前 103 年就有过这种情况，当时西汉将领李广利率军西征大宛国（今费尔干纳），途中大量军士皆因饥

---

　　① 见《亚洲学报》，第 2 卷，1828 年，第 440 页；《英国和爱尔兰皇家人类学研究所杂志》，1881 年，第 72 页。

　　② 见《英国和爱尔兰皇家人类学研究所杂志》，1881 年，第 27 页。

饿而死亡①。为避免同样悲惨的命运再次发生，公元前 101 年，汉军在第二次西征大宛时兵分两路，一路从南道进军，另一路则从北道挺进②。当然我们从文献里只获悉了北道上的具体情况③。取路北道的汉军势不可当，沿途各国无不臣服，纷纷打开城门提供补给。但是轮台国却是例外，据近代中国的文献记载④，轮台国即位于今天距离库车以东不远的轮台县。鉴于轮台国不愿臣服汉朝，李广利遂下令围攻轮台城，几日后便将之彻底摧毁。正如司马迁在《史记·大宛列传》里补充记述的那样，从那以后通往西域腹地的道路交通得到了安全保障。

　　司马迁的上述两处记载同时给了我们明显的暗示，即早在约公元前 100 年，从中国通往西域地区的路线就不仅仅只有南道，人们也可选取中道直达西域。李希霍芬无疑忽视了这两处记载，否则他不会断言北道西段到了东汉统治时期才可通行⑤。

　　§99. 中国人从两次西征大宛国的遭遇中总结出重要的经验教训，那就是考虑到沿途的粮食供应，往来商旅不能再依赖异域他乡的本土居民，而必须首先寻求本族同胞的支持。为达到这一目的，最佳的方式便是由中国人在当地建立农垦殖民地或者军事殖民地，这其中的重要意义在我看来迄今并未得到学者的足够重视。大约自公元前 95 年起，汉朝在被其征服的轮台国（今轮台县）设置了第一个这样

120

---

① 见《亚洲学报》，第 2 卷，1828 年，第 441 页。
② 引文出处同上，第 446 页。
③ 引文出处同上，第 444 页。
④ 参见《英国和爱尔兰皇家人类学研究所杂志》，1882 年，第 96 页注释 1。就具体情况而言，这一说法的正确性是毋庸置疑的。
⑤ 李希霍芬，《中国》，第 1 卷，第 468 页注释 1。

的屯田点①。屯垦给直达西域的交通带来了哪些重大好处，《汉书·西域传》里的记述便是最好的佐证②："轮台、渠犁皆有田卒数百人，置使者校尉领护，以给使外国者。"按照汉代编年史里的描述，上述屯垦地区皆土壤肥沃、水源充足、牧场辽阔③。因此在同一时期，汉朝又在轮台以东及东南方向的车师和渠犁建立了另外两个屯田点④。

121　因音形相似，车师可能与今天的"昌吉"同为一地。渠犁是所有屯田点中最重要的一个，它位于偏离交通要道的地方，或许为今天的奥尔曼绿洲⑤。

　　以前，从中国出发行至楼兰的荒漠商队或许会在南道上继续自己的漫漫征途，但自从汉朝开辟了上述军屯据点以来，越来越多的商队开始转向北道，以便在上文提到的屯田点之一为自己补充新的给养。在屯田点他们很容易就能获得补给，而在南道沿线的绿洲地区，搞到这些补给则颇费周折，或许还要花费很大的代价。此外相比取路南道，人们在北道上少花 8 天的时间便可在离开疏勒国（今喀什噶尔）之后进入山区。

---

①　见《亚洲学报》，第 2 卷，1828 年，第 449 页。

②　此处由沙畹重新翻译并在一个地方做了修正，见《通报，或关于东亚历史、语言、地理和民族学的档案》，1907 年，第 153 页注释 2。

③　见《英国和爱尔兰皇家人类学研究所杂志》，1881 年，第 23 页；《亚洲学报》，第 2 卷，1828 年，第 96 页。

④　见《亚洲学报》，第 2 卷，1828 年，第 96 页："在古轮台国东面的车师和渠犁屯田驻军，车师和渠犁皆为西域古国。"除此之外，汉代编年史再也没有在其他地方提及车师屯田一事。

⑤　根据《汉书》提供的信息（见《亚洲学报》，第 2 卷，1828 年，第 95 - 97 页），渠犁位于塔里木河河畔，从渠犁沿塔里木河经过 580 里可达龟兹（今库车），此外渠犁距乌垒国（今策达雅地区）以南 330 里、距尉犁国（今尉犁县）650 里。所有这些数据皆指向今天的奥尔曼村，或者至少指向距离奥尔曼村很近的某个地方。

军屯据点很快便成为采取其他军事行动的出发点①。例如，西域都护郑吉在渠犁和邻近地区组建军队，随后取路北道向东发兵攻打车师（今吐鲁番-吉木萨尔等地），并迫使车师国归顺汉朝，此后到了公元前62年，车师国一分为二，即分别由汉朝和匈奴拥立的车师前国及车师后国。两年之后即公元前60年，盘踞在巴里坤地区的匈奴呼衍氏部落首领日逐王归附汉朝。北道东段直至吐鲁番地区的丝绸之路从此畅通无阻。

§100. 攻陷车师国之后，郑吉肩负起保卫鄯善国（今罗布泊）以西丝绸之路南道安全的使命。之前鄯善国国内就已经出现对汉朝而言极其有利的形势，因为我们已经了解到（参见第103页），从前曾给中国人制造过某些麻烦的楼兰国自公元前77年开始便不复存在了。不久以后应鄯善国国王尉屠耆的请求，汉王朝开始在鄯善国国内肥沃的伊循绿洲（或许是今天的瓦石峡古城）驻军屯田②。这样的举措只能有利于南道上的交通。在南道上往来穿梭的商队可能大多数都想在皮山国（固玛，今皮山县）和莎车国（今叶尔羌）地界进入山区，或者从山区踏上南道。其他商队可能以南道沿线的绿洲作为其最终目

122

① 下文阐释主要基于沙畹的描述（见《通报，或关于东亚历史、语言、地理和民族学的档案》，1907年，第154页注释1），他在描述中总体上再现和解释了中国古代文献里的相关记述（参见《英国和爱尔兰皇家人类学研究所杂志》，1881年，第22—23页）。

② 见《英国和爱尔兰皇家人类学研究所杂志》，1881年，第27—28页。鉴于鄯善国都城是今天的且尔乞都克，因此对于伊循［沙畹将之拼写成"I-sün"（见《通报，或关于东亚历史、语言、地理和民族学的档案》，1905年，第567页），而伟烈亚力的拼写方式则为"I-tun"］这个地方来说，其实只有位于且尔乞都克以西的瓦石峡可在我们的考虑之列。我们在第100页中已经探讨过，瓦石峡在唐代编年史里被称作"新城"。但是在我们看来至关重要的信息却是，约成书于公元500年的《水经注》将伊循城描述为鄯善国都城，而将旧都扜泥城（今且尔乞都克）描述为东故城（见《通报，或关于东亚历史、语言、地理和民族学的档案》，1905年，第567、569页）。由此人们必然推断，伊循城即为西城，也就是今天的瓦石峡古城。

的地，特别是当他们把玉石看作主要贸易品时——这种玉石采自和田河和叶尔羌河河床里的碎石①，非常受中国人的青睐。

　　公元前 60 年，汉宣帝指命西域都护郑吉总领外交政策，我们刚从上文了解到，郑吉当时在对外交往方面的业绩特别出色，很明显，汉宣帝的这一决策对进一步发展东西方交通往来产生了最为有利的影响。之前郑吉只负责丝绸之路南道上的交通状况，而现在车师国以西的丝绸之路北道也被纳入他的负责范围。沙畹指出，郑吉的官职为"西域都护"，"都护"即为总监护之意，因为他要实施对丝绸之路南北两道的总体监控。西域都护下设副校尉、丞、司马等属吏，其数量因在皮西、金皮和莎车（今叶尔羌）②新设立机构而增加。西域都护的职责也包括代表在西域国家里的同胞的利益，他的影响力超越了所123　辖西域诸国的范围。都护的官邸即西域都护府设在乌垒城（今策达雅），选址在此或许也是为了以邻近的屯田点渠犁为重要据点。此举的结果必然是乌垒城所在地区成为官吏和商旅造访的首选之地。毋庸置疑，当时整个时期内，并非位于塔里木盆地南缘（正如李希霍芬所认为的那样）而是位于塔里木盆地北缘的道路，即所谓的中道，乃丝路交通的主要路线。我们所做的这番考察的真实目的就在于说明这一点。

　　§101. 尽管天山东部地区远离贯通中国和西域地区的繁忙的丝

---

　　①　据《汉书》记载，被中国人称作"玉"的软玉出自鄯善国（今罗布泊）、于阗国（今和田）和莎车国（今叶尔羌），参见《英国和爱尔兰皇家人类学研究所杂志》，1881 年，第 25、30、47 页。时至今日，在和田河和叶尔羌河沿岸仍有重要的采玉场（斯坦因，《古代和田》，第 1 卷，第 87 页注释 1、132 页）；相反，今天在鄯善国旧都且尔乞都克地区是否也出产软玉，对此我在古代游记里没有找到任何记载。

　　②　见《英国和爱尔兰皇家人类学研究所杂志》，1881 年，第 22 页。皮西和金皮的具体位置无法鉴定，因为这两个地名在除此之外的任何其他文献中都无法查证。

路交通，但在汉军占领那些地区之后，它们也越来越受到汉朝统治的影响。例如，汉元帝（公元前48—前33年在位）设置了戊校尉和己校尉这两个高级武将官职，使其统领位于吐鲁番地区的军屯据点高昌（亦都护城或高昌故城）。新的匈奴人部落前来归顺汉朝，由此在吐鲁番及其周边区域出现了一片安定祥和的大好局面。

当然，西域地区和中国的交通连接仍然很不方便，因为人们必须走很远的弯路、绕道楼兰和今天的营盘才可通往西域。直至公元1—6世纪，驻守高昌的戊己校尉才开辟了一条直达交通线，并且是从车师后国的都城务涂谷（今吉木萨尔附近）直接通向玉门关的路线。如汉代编年史所述，通过这种方式，人们才得以使中国通往西域地区的距离缩短一半，并避开了穿越龙形沙丘群（我们将之假定在罗布荒漠东北方向的位置）的危险①。虽说前者记述略显夸张（实际上中国和西域地区的距离只缩短了近三分之一），但这还是使东西方之间更加频繁的交往成为可能。从上述文献描述还可以推断出，中国人当时尚未考虑使北道东段也服务于中国与遥远的西域之间的交通往来。

总的来说，没过多久中国与外部世界的交往关系好像又开始大幅"降温"。合法皇位继承者与篡权者王莽（公元9—23年为新朝开国皇帝）之间的王位之争严重削弱了中国自身的力量。匈奴人重新采取先前的敌对行动，大肆入侵中国北部边境地区。在一定程度上与匈奴结盟的西域各国也纷纷抗争，开始逐渐摆脱汉人的控制。值得注意的是，中国人懂得如何尽可能长久地维持自己对北道交通的控制，并且是在吐鲁番附近和位于龟兹（今库车）的军屯据点，那里也是西域都护最后的统辖范围。但是到了公元23年，中国对西域地区的统

124

---

① 见《英国和爱尔兰皇家人类学研究所杂志》，1882年，第109页。

治宣告终结，中国与西域诸国的直接交往关系也随之中断①。

第二节　公元 87—127 年

§102. 筹备期。§103. 交通往来始于南道，不久也开始在中道上运行。
§104. 交通往来扩展至北道东段。§105—106. 商贸交往鼎盛时期、衰落时期直至交往关系最终中止时的丝绸之路。

　　§102. 为了解第二次重大商贸时期丝绸之路上的交通状况，我们须首先对之前发生的史实做一番详细考察。

　　直到公元 73 年，中国人才再次考虑以征服和占领的方式向西域地区挺进。东汉将领班超堪称此次收复西域军事行动中的核心人物②。他从阳关出发挥师北上，以便摧毁北匈奴的力量，在此期间匈奴人不断进犯塔里木盆地和中国的河西走廊地区（今甘肃西北部）。班超率兵攻占了中国史书里第一次提到的伊吾（今哈密），并派人长期驻守该城。紧接着北匈奴在蒲类海（今巴里坤湖）被彻底击溃。在确保了阳关以北这些迄今几乎不为人所知的地区的安全之后，班超才亲自进军塔里木盆地，并且是沿南道挺进，沿途各西域国家纷纷归

---

①　见《英国和爱尔兰皇家人类学研究所杂志》，1882 年，第 110–112 页。在此包含的《汉书》里的相关记述，证实了《后汉书》里关于中国和西域的交往关系中断了 65 年（即从公元 9—73 年）的记载（见《通报，或关于东亚历史、语言、地理和民族学的档案》，1907 年，第 187 页）是不正确的。《后汉书》里的不实信息可能源于编年史作者（范晔）并非从王莽新朝覆灭之年（公元 23 年），而是从他上台执政之年（公元 9 年）开始计算的。

②　见《通报，或关于东亚历史、语言、地理和民族学的档案》，1907 年，第 156–158 页。

降。公元76年，酒泉郡太守段彭在途经伊吾的进军路上引兵攻打车师国，在交河城（今吐鲁番以西亚尔乡）大败敌军，迫使车师国再度投降。

公元78年，塔里木盆地只剩下龟兹国（今库车）和焉耆国（今喀喇沙尔或焉耆）尚未臣服汉朝，但是班超仍须使这两个西域国家归顺，因为在当时它们控制着北道交通。汉章帝（公元76—88年在位）并不倾向于出兵西域，因此班超上书章帝，强烈请求支援汉朝属国，并阐明了自己的计划。《后汉书·班超传》原文记载如下①："今拘弥、莎车、疏勒、月氏、乌孙、康居复愿归附，欲共并力破灭龟兹，平通汉道。"上述引文同时证实了丝绸之路中道在当时扮演着多么重要的角色。直到公元91年，班超才得以实施自己的计划，因为在此期间南道沿线的一些西域国家叛离汉朝，这为班超再次出兵西域提供了动因。在龟兹国归顺汉朝三年之后，焉耆国终于也遭受了同样的命运。

§103. 在此期间中国开始与居住在帕米尔高原以西、善于经商的外邦民族建立直接的交往关系，而且这种关系的建立极有可能是在公元87年由外邦民族推动的（参见第8页）。当然，起初只有南道对于直达交通来说是畅通无阻的②。早在公元83年，班超作为军队统帅就已官至长史③，在领兵占领龟兹国（今库车）之后，班超又被提拔为西域都护（也即总监护之意），同时他将自己的官邸即都护府

---

① 见《通报，或关于东亚历史、语言、地理和民族学的档案》，1906年，第224页。
② 《班超传》里包含一句有关南道畅通的评论，而该评论指涉的正是公元87年（见《通报，或关于东亚历史、语言、地理和民族学的档案》，1906年，第231页）。
③ 同上，第228页。

设置在龟兹①，此后东西方之间交通重心肯定转移到了楼兰和龟兹沿线。就此而言，当时的交通状况和公元前 60 年西汉在乌垒城设置西域都护府后的情形是一样的。昔日的军屯据点渠犁在东汉时期重现了往日的辉煌，这样的可能性微乎其微，因为汉代编年史里对此只字未提。

§104. 现在，丝绸之路北道东段也成为中国和西域地区之间大规模交通往来的一部分，这在历史上或许尚属首次。因为在此期间一切准备皆已就绪。公元 89 年和公元 90 年，东汉将领窦宪在东北边境地区先后两次大败匈奴，彻底摧毁了北匈奴的势力②，并顺势占领了伊吾国（今哈密）。车师前国（今吐鲁番）和车师后国（今吉木萨尔）早在公元 73 年就与中国建立了友好联系，但没过多久却又依附匈奴人，在北匈奴被击溃后又臣服东汉王朝（公元 89 年）③。与一个世纪之前的情形一样，现在戊己校尉作为军事首领同样屯兵五百驻守高昌（今吐鲁番附近的亦都护城或高昌故城）。除了在车师前国和伊吾国设置的军屯据点之外，东汉政权在车师后国的金满（今吉木萨尔附近）也建立了一个军事基地④。对于中国人来说拥有这些军屯据点是多么重要，这一点从《后汉书》中的如下记载里窥见：（伊吾、高昌、金满）"皆膏腴之地。故汉常与匈奴争车师、伊吾，以制西域焉"⑤。

---

① 见《通报，或关于东亚历史、语言、地理和民族学的档案》，1906 年，第 233 页；《通报，或关于东亚历史、语言、地理和民族学的档案》，1907 年，第 158 页。

② 引文出处同上，1907 年，第 158、212 页。

③ 引文出处同上，1907 年，第 158、212 页。

④ 引文出处同上，1907 年，第 158 - 159 页。

⑤ 引文出处同上，1907 年，第 169 页。

§105. 在所有障碍得到清除、一切事务安排妥当之后，中国与西域的交通往来必定达到了空前繁荣的程度。通过沙畹的翻译，我们了解到《后汉书·西域传》里专门有一处描述当时丝路商道上的繁荣景象，原文如下："立屯田于膏腴之野，列邮置于要害之路。驰命走驿，不绝于时月；商胡贩客，日款于塞下。"①

上文记载里描述的交通设施对于中原本土的汉人来说是陌生的，它们令我们清晰地回忆起几乎以相同方式存在于古波斯帝国御道或王室大道上的交通状况②。由此我们可以推断，当时的西域地区除受到汉人的影响之外，也在很大程度上被打上了古伊朗人的烙印。综上所述不难看出，在公元 100 年前后的那段时期，东西方商贸关系或许发展至顶峰（参见第 8 页）。往来商队并不像李希霍芬所认为的那样仅仅取路南道，而是更倾向于选择北道，因为在北道沿线设置有三个汉朝最重要的军屯据点，即龟兹（今库车）、高昌（今吐鲁番附近的亦都护城或高昌故城）和伊吾（今哈密）。或许中道也非常受往来商旅的欢迎，因为我们已经知道，中道构成了东西方之间最短的交通线路。

§106. 从公元 105 年开始，中国在西域地区的影响力持续减退，或许只有北道上的交通还能正常运行。时值西域大乱，东汉取消了西域都护府，这使得先前汉朝占领的所有西域地区尽皆丧失（参见第 46 页注释 1）。后来班超（公元 102 年去世）之子班勇再次收复了西域的大部分地区，但势力范围已不如当年。值得注意的是，公元 123 年，班勇作为西域长史将自己的官邸设置在高昌附近的柳中（今鲁

127

---

① 见《通报，或关于东亚历史、语言、地理和民族学的档案》，1907 年，第 216 页。

② 希罗多德，《历史》，第 5 卷，第 52 页；色诺芬，《居鲁士的教育》（*Cyropädie*），第 8 卷，第 6、18 页。

克沁），由此人们可以推断，北道在当时是特别常用的交通路线。自从帕米尔高原以西诸国中止了与中国短暂的商贸交往以来，柳中在很长一段时间里一直是中国在西域地区唯一的重要据点①。

中亚地形图使用说明[①]

1. 主图（比例尺为 1∶5 000 000）

（1）《施蒂勒手绘地图集》里包含的以下两幅地形图构成了描述中亚地理全貌的普遍基础：第 62 幅图"印度半岛和内亚"（地图北），由 B. 多曼（B. Domann）于 1902 年修订；第 64 幅图"中国"，由 C. 巴里奇（C. Barich）于 1901 年修订。两幅地图的比例尺皆为 1∶7 500 000。

此外，本图详尽参照的其他地形图还包括：B. 哈森斯坦，"塔里木盆地和昆仑山系地形图"，比例尺为 1∶1 000 000，见《彼德曼地理通报》（增刊），第 131 期，哥达，1900 年。赫定，《1899—1902年中亚科学考察成果》，第 2 卷，斯德哥尔摩，1904—1906 年，第 58幅图"塔里木盆地的等高线图"，比例尺为 1∶3 500 000；《地图集》第 1 册第 20—22 幅图和《地图集》第 2 册第 48—54 幅图（描绘的是罗布泊地区和库姆塔格沙漠），比例尺分别为 1∶200 000 和 1∶100 000。

以下地形图亦为本图的描绘提供了些许补充。G. W. 寇松（G. W. Curzon），"中亚及印度的帕米尔高原和毗邻领土"，比例尺为 1∶

---

① 国内原书扫描版多未见插图，为保持原书结构，保留此附录。——译者注

1 000 000，见《地理杂志》，第 8 卷，1896 年第 1 期。"1893—1896 年罗博罗夫斯基和科兹洛夫旅行地图"，第 2 页，比例尺为 1∶680 000，见《中亚探险考察》，第 1 卷，彼得堡，1900 年。亨廷顿，"罗布盆地和内亚相邻区域地形图"，比例尺为 1∶5 643 000，见《亚洲的脉搏》，伦敦，1907 年。斯坦因，"和田地区及周边区域测绘图"，比例尺为 1∶506 880，见《古代和田》，第 2 卷，牛津，1907 年。"1906 —1908 年 M. A. 斯坦因旅行考察临时用图"，比例尺为 1∶4 000 000，见《地理评论》，第 37 卷，布达佩斯，1909 年。

（2）对中亚古代地理的专门探讨。据我所知，就中国与伊朗-图兰国家的早期直接交往史而言，迄今为止只有两人对那段时期的中亚做过较为详细的地图描述。H. J. 克拉普罗特，《亚洲历史概貌》（附有亚洲历史图集），巴黎，1826 年，第 6 幅图 "公元前 31 年的奥古斯都时代"、第 7 幅图 "图拉真时代和东汉"，两幅图的比例尺皆为 1∶30 000 000。李希霍芬，《中国》，第 1 卷，柏林，1877 年，第 8 幅图 "公元前 128—150 年中亚交通关系概览图"，比例尺为 1∶12 500 000。

仅仅是因为在绘制地图时采取了小比例尺，克拉普罗特只能局限于在地形图上标示出规模较大的部族、国家和最重要的地名。李希霍芬首次尝试以制图的形式描述横穿中亚的最著名的交通线路及沿线最重要的驿站，而且他不只是依据西汉编年史里的记述，同时参照了马里努斯和托勒密的文献记载。克拉普罗特和李希霍芬两人的制图工作在当时饶有价值，但已无法满足当今的研究需求。

除少数例外，相关文献（包括司马迁的《史记》、两汉的编年史、马里努斯和托勒密的著述）里但凡能够被利用的地图元素，都在本书所附的中亚地形图上得到了体现。本书所包含的研究论文为绘制该图奠定了基础，地图上标注的古地名在文本里都能找到。

2. 辅图：和田附近遗址
（比例尺为 1∶2 500 000）

辅图充分参照了上文提到的亨廷顿（1907 年）以及斯坦因（1907 年和 1909 年）绘制的地形图①。但本图主要是以哈森斯坦1900 年的制图（尽管年代较为久远）为基础描绘而成的，因为只有他的"塔里木盆地和昆仑山系地形图"考虑到了迄今以天文学方法测定的和田（北纬 37°7.4′、东经 74°53.8′）、恰哈（北纬 36°58.6′、东经 80°44.2′）、克里雅（北纬 36°52.2′、东经 81°40.8′）和塔瓦库勒（北纬 37°37.3′）的地理方位②，而在这方面亨廷顿和斯坦因制作的地图均显示出较大偏差③。

---

① 辅图上标示的由亨廷顿于 1905 年以及由斯坦因分别于 1906 年和 1907 年绘制的路线，跟原图一样欠缺精确。

② 参见《彼德曼地理通报》（增刊），第 131 期，第 383、385 页。

③ 斯坦因的绘图主要基于和他一同旅行考察的两名印度人（先是雷兰生，后是奈克兰生）所做的地形测量记录。

勘误与补遗

1. 第 11 页正数第 1 行应更正为：A. 格伦威德尔（A. Grünwedel）（1902—1903 年，1906—1907 年），以及后来和冯·勒柯克（A. v. Le Coq）（1904—1906 年）……

2. 第 12 页倒数第 1 行须补充以下信息：此外出版的还有冯·勒柯克的报告"德国第二次吐鲁番考察及其成果"，见《慕尼黑地理学会通报》，1910 年，第 175 – 188 页。

3. 第 22 页注释 1（本书第 31 页注释 2。——译者注）补充以下信息：在此批判的 G. E. 杰里尼的文章（见《皇家亚洲学会会刊》，1897 年，第 557 – 559 页）构成了他最近发表的新作"托勒密东亚地理描述研究"（见《亚洲学会专刊》，第 1 卷，1909 年）的基础。跟前一篇文章一样，新作里的研究结论也可被认为是错误的。

4. 第 29 页正数第 9 行：用 sodann（然后）取代 nämlich zunächst（因为起初）。

5. 第 44 页倒数第 2 行：应拼写并读为 Hou Han schu（《后汉书》），而非 Hon Han schu。

6. 第 71 页倒数第 7 行：应拼写并读为 Ssě-ma Ts'ien（司马迁），而非 Ssě-ma T'ien。

7. 第 86 页正数第 12 行：应拼写并读为 Yen-k'i（焉耆国），而非 Yen-ki。

8. 第 104 页正数第 21 行：应拼写并读为 Königreich Lou-lan（楼兰国），而非 Lou-lan-Königreich。

9. 第 118 页正数第 1 行：应拼写并读为 Ts'in（秦始皇），而非 Tsin。

10. 第 123 页正数第 19 行：应拼写并读为 Jing-pen（营盘），而非 Ying-pen。

图书在版编目（CIP）数据

亚洲古代地理学：中国与叙利亚之间的古代丝绸之
路／（德）阿尔伯特·赫尔曼著；付天海译. -- 北京：
商务印书馆，2025. -- ISBN 978 - 7 - 100 - 24944 - 7

Ⅰ. K930. 6

中国国家版本馆 CIP 数据核字第 2025PE7103 号

亚洲古代地理学

中国与叙利亚之间的古代丝绸之路

〔德〕阿尔伯特·赫尔曼 著

付天海 译

———————————————————————

商 务 印 书 馆 出 版
（北京王府井大街36号 邮政编码100710）
商 务 印 书 馆 发 行
北京中科印刷有限公司印刷
ISBN 978 - 7 - 100 - 24944 - 7

———————————————————————

2025 年 5 月第 1 版　　　　开本 880×1230　1/32
2025 年 5 月北京第 1 次印刷　　印张 5⅞
定价：40. 00 元